Maha Ghosananda

Wenn der Buddha lächelt

HERDER / SPEKTRUM
Band 4544

Das Buch

Güte und Mitgefühl zu leben trotz aller negativen Erfahrung, Friedfertigkeit zu praktizieren, gerade weil Aggressivität und Haß überhandnehmen, heiter zu sein in aller Bedrängnis – das ist der lebenspraktische Kern des Buddhismus. Das macht seine großen Vertreter auch im Westen so überzeugend. Maha Ghosananda ist einer von ihnen. Die große, weisheitliche Tradition Kambodschas tritt dem Leser in diesem Buch gegenüber. Die Worte eines unprätentiösen und einfühlsamen Mannes, der trotz erlebter Schrecken heiter geblieben ist, der Harmonie und dem Frieden zwischen den Menschen unerschütterlich zugetan. Die Meditationen eines Meisters und international als Friedensstifter bekanntgewordenen Führers des kambodschanischen Buddhismus, die in jeder Zeile bezeugen, wie sehr sie aus Erfahrung stammen. Es sind Texte über Freundlichkeit, über das Fühlen, die Vollkommenheit, Gewaltlosigkeit, über Achtsamkeit, über den Umgang mit der Zeit, über Zorn und Liebe und Selbstbestimmung: Themen, die das „rechte Leben" ausmachen und die beglaubigt sind durch das, was Maha Ghosananda vorlebt. Das Buch erzählt einleitend von seinem Leben, läßt den Leser teilnehmen am Friedensmarsch, erzählt, wie Maha Ghosananda in einem Lager der Roten Khmer unter den Ärmsten der Armen einen buddhistischen Tempel eröffnete und gibt vor allem die Texte wieder, mit denen er in einer ganz einfachen Sprache die Weisheit des Buddhismus zu diesen Menschen bringt. Jack Kornfield sagt in seinem Vorwort: „Maha Ghosananda ist die Verkörperung einer strahlenden Großherzigkeit und eines mutigen Herzens, das sich durch nichts aufhalten läßt ... Wenn er aus diesem Buch treten könnte, würde er lächeln oder lachen in überschäumender Freude. Da dies nicht möglich ist, wird der Leser ihm so in seinen Worten begegnen, einer ruhigen Einfachheit und einer Wahrheit, die von seiner liebenden Gegenwart bestimmt ist." Neben Jack Kornfield wird das Buch eingeleitet von Dith Pran, der selbst Opfer der Roten Khmer war und dessen Schicksal im Film „The Killing Fields" erzählt wird. Dith Pran ist heute Fotograf der „New York Times".

Der Autor

Maha Ghosananda, einer der führenden und weltweit überzeugenden Vertreter des Buddhismus in der Gegenwart, wurde 1929 in einem Dorf des Mekong-Deltas in Kambodscha geboren. Er hat in seinem vom Bürgerkrieg zerrütteten Land zahllose Initiativen zur nichtgewalttätigen Entwicklung unternommen und war Anführer hochrangiger Delegationen buddhistischer Mönche bei den Friedensverhandlungen. In den letzten Jahren führte er zahlreiche Friedensmärsche in seinem Land durch, an denen Tausende von Menschen trotz der damit verbundenen Gefahren teilnahmen. 1988 wurde er zum Somteja (Höchster Patriarch) des kambodschanischen Buddhismus gewählt. Er ist Mitbegründer der „Inter-Religious Mission for Peace" in Kambodscha. Maha Ghosananda wurde mehrfach für den Friedensnobelpreis vorgeschlagen.

Maha Ghosananda

Wenn der Buddha lächelt

Frieden finden – Schritt für Schritt

Mit einem Vorwort von Jack Kornfield

Herausgegeben von Jane Sharada Mahoney
und Philip Edmonds

Aus dem Amerikanischen
von Judith Mayer

Herder
Freiburg · Basel · Wien

Titel der amerikanischen Originalausgabe:
Step by Step
Meditations on Wisdom and Compassion
Parallax Press, Berkeley/Kalifornien

Fotos von Don Farber (S. 13)
Judith Canty (S. 37),
„Providence Journal Bulletin" (S. 67),
Jonathan Sharlin (S. 124), AfP Photo (S. 107)

Gedruckt auf umweltfreundlichem,
chlorfrei gebleichtem Papier

Deutsche Erstausgabe

Textverarbeitung: G. Scheydecker, Freiburg im Breisgau
Druck und Bindung: Freiburger Graphische Betriebe 1997
Umschlaggestaltung: Joseph Pölzelbauer
Umschlagmotiv: © David Channer
ISBN 3-451-04544-3

Inhalt

Meditationen über Mitgefühl

Anhang

Vorwort

von Jack Kornfield

Seit ich ihn vor mehr als zwanzig Jahren zum ersten Mal getroffen habe, ist Maha Ghosananda für mich die Verkörperung einer strahlenden Großherzigkeit und eines mutigen Herzens, das sich durch nichts aufhalten läßt. Allein in seiner Gegenwart zu sein, sein Lächeln und die ansteckende Kraft seiner liebevollen Güte zu erfahren, heilt den Geist.

Ich habe Maha Ghosananda unter den verschiedensten Umständen erlebt: als praktizierenden Waldmönch, als Vaterfigur für kambodschanische Kinder, als Lehrer und Übersetzer von fünfzehn verschiedenen Sprachen, als Meditations-Meister seiner westlichen Schüler, als Friedensstifter bei den Vereinten Nationen und als einen der lebenden Reichtümer Kambodschas, der die Flüchtlingsgemeinschaften der Khmer auf der ganzen Welt leitet. In all diesen Situationen war sein Herz gleichbleibend von Mitgefühl und Freude erfüllt, und er strahlt die Lehren der Einfachheit und der Liebe aus. Er hat die Kleider, die er trug und das Essen aus seiner Schale jedem angeboten, der dessen bedurfte, und er würde es immer wieder tun.

Vor einigen Jahren, in der staubigen, trockenen Hitze der kambodschanischen Flüchtlingslager, die Hunderte und Tausende der von Bomben und Granaten verstörten Überlebenden beherbergen, sah ich die Größe von Maha Ghosanandas Herz und das Leuchten des Buddha in eins verschmelzen. In den Lagern der Roten Khmer, wo es den Menschen bei Androhung des Todes verboten war, miteinander zu kooperieren, eröffnete Maha Ghosananda einen buddhistischen Tempel. Er wollte diesen Menschen, die so tief gelitten hatten wie nur irgend jemand auf dieser Welt, das Dharma zurückbringen. Trotz der Drohungen versammelten sich nach der Fertigstellung des großen Bambus-Tempels an die 20 000 Flüchtlinge, um die verlorengegangenen Gesänge aus 2000 Jahren Geschichte von neuem zu rezitieren, die sie hinter sich gelassen hatten, als ihre Dörfer verbrannt und ihre Tempel zerstört worden waren. Maha Ghosananda sang ihnen die traditionellen Gesänge vor, und Tausende begannen zu weinen.

Dann war es an der Zeit zu sprechen, das heilige Dharma öffentlich zu verkünden und die Lehren des Buddha zu vermitteln, um das unaussprechliche Leid dieser Menschen zu bezeugen. Maha Ghosananda sprach mit größter Einfachheit zu denen, die gelitten hatten, und er rezitierte immer und immer wieder in der alten Sprache des Buddha und in kambodschanischer Sprache den folgenden Vers aus der *Dhammapada:*

Haß hört niemals auf, wo Haß ist,
sondern wird nur durch Liebe allein geheilt.
Das ist das alte und ewige Gesetz.

Es ist dieser ewige Geist, der durch Maha Ghosananda fließt. Wenn er aus diesem Buch treten könnte, würde er lächeln oder lachen in überschäumender Freude. Da dies nicht möglich ist, wird der Leser ihm so in seinen Worten begegnen, einer ruhigen Einfachheit und einer Wahrheit, die von seiner liebenden Gegenwart bestimmt ist.

Freuen Sie sich an dieser Segnung.

Der Mann, der unsere Träume bewahrt

von Dith Pran

Am Morgen des 17. April 1975 empfingen die Kambodschaner die siegreichen Truppen der Roten Khmer mit Blumen, Schüsseln voller Reis und Hurrarufen. Aber am nächsten Tag füllten sich unsere Herzen mit Schrecken, als die Soldaten uns brutal aus unseren Häusern vertrieben und uns zu einem langen Marsch über das Land trieben, und ich sah, wie meine Heimat in Dunkelheit versank.

In den folgenden schmerzvollen Jahren wurden wir Zeugen der Zerstörung unserer Gesellschaft und der Entweihung nahezu all dessen, was uns heilig war. Strikte Verstaatlichung, Zwangsarbeit und harte Regeln beherrschten jeden Teil unseres Lebens. Wir verloren unsere Freiheit, unseren Besitz, unser Familienleben und unsere jahrhundertealte buddhistische Tradition. Die Felder des Todes (Killing Fields) – riesige Massengräber und offen daliegende Leichen in der Umgebung nahezu jedes Dorfes – erinnerten uns in grausiger Weise daran, daß unser Leben davon abhing, daß wir es fertigbrachten, unseren Eroberern genehm zu sein. In diesen dunklen Jahren wurde ich Zeuge von einigen der schlimmsten Greuel und unfaßbarsten Brutalitäten, die die Menschheit bis dahin gekannt hatte.

Erstaunlicherweise kam aus all dieser Zerstörung ein Führer von großer Ruhe und erfüllt von Mitgefühl, der Ehrwürdige Maha Ghosananda. Wo die Revolution zu einer Spaltung geführt hatte, sah dieser heitere, ruhige Mönch eine Chance der Versöhnung; wo Gewalt ausgeübt worden war, sah Ghosananda ein Potential an Güte und Freundlichkeit. Er nannte dies das Gesetz der Gegensätze.

Maha Ghosananda bewahrt die Träume Kambodschas. Das Beste in unserer Kultur und in jeder menschlichen Kultur zu feiern und zu nähren ist sein Lebenszweck. Obwohl seine gesamte Familie im kambodschanischen Holocaust umkam, ist er nicht von Bitterkeit erfüllt. Er ist ein Symbol des kambodschanischen Buddhismus, indem er die Güte, die Geduld, das Mitgefühl und die Friedlichkeit des Buddha verkörpert – Eigenschaften, die die Kambodschaner zu allen Zeiten verehrt haben.

Ghosanandas unverbrüchlicher Glaube daran, daß Kambodscha in der Lage sein wird, sich selbst zu heilen, hat uns in unserer Suche nach einer kulturellen und spirituellen Wiedergeburt und unserem verzweifelten Kampf um Frieden ermutigt. Seine leuchtende Gegenwart und sein weiser Rat bei den Friedensgesprächen auf höchster Ebene haben die vier Kriegsparteien des Landes daran erinnert, daß es humanitäre Ziele gibt, die jenseits allen Eigeninteresses liegen. Maha Ghosananda erinnert uns stets von neuem daran, daß der Frieden im Land nur mit dem persönlichen Frieden beginnen kann.

Die Roten Khmer erklärten die Ausübung unseres Glaubens zum Kapitalverbrechen. Sie verstanden dabei nicht, daß Gewalt oder Unterdrückung, wie hart sie auch sein mögen, niemals die Wurzel des Buddhismus zerstören können – die tiefe Liebe unseres Volkes zur Tradition. Seit diesen dunklen Jahren hat Maha Ghosananda pausenlos an der Wiederherstellung des kambodschanischen Buddhismus gearbeitet – durch die Ausbildung von Mönchen und Nonnen und das Errichten von Tempeln in der ganzen Welt. Er belebt immer von neuem den spirituellen Funken, den die Roten Khmer auszulöschen versuchten.

Im Herbst 1975, nach sechs Monaten des Lebens unter den Roten Khmer, brach ich heimlich in einen kollektiven Reisspeicher ein, um mit einer Handvoll Reis meinen Hunger zu stillen. Ein Kader beobachtete dieses Verbrechen und ordnete meine Bestrafung an. Wütende junge Soldaten traktierten mich mit scharf geschliffenen Erntegeräten und banden mich die Nacht über an einen Baum. Ich kniete blutend auf der schlammigen Erde, die Arme fest hinter meinem Rücken zusammengebunden, in der Furcht vor der Exekution, die sicherlich am nächsten Tag erfolgen würde. Im stillen betete ich darum, weiterzuleben und meine Frau und meine Kinder wiederzusehen. Aus irgendeinem Grund ließen mich die Roten Khmer zwei Tage später wieder frei. Mit von Ehrfurcht erfülltem Herzen rasierte ich mir den Kopf, um nach Art des Buddhismus meine Dankbarkeit auszudrücken. Es war mir gleichgültig, daß diese Geste mir vielleicht noch mehr Strafe einbringen würde. Ironischerweise akzeptierten die Roten Khmer meine Erklärung, daß ich mir den Kopf zur Linderung meiner Migräne rasiert hätte!

Durch diese ganze Zeit der Angst hindurch hielt unsere buddhistische Tradition uns aufrecht. Wir beteten im stillen und brannten Kerzen ab, um die Geister derjenigen, die gestorben waren, leiten zu helfen, um unsere Dankbarkeit für die kleinen Freuden unseres Lebens auszudrücken und um die Kraft zu finden, die wir für den nächsten Tag benötigten. Unseren Glauben jedoch nach der Besiegung der Roten Khmer wieder aufzubauen, war eine noch viel größere Herausforderung. Unser Land lag in Trümmern – der Hunger war überall, Familien waren auseinandergerissen worden, geliebte Menschen waren umgekommen, und die Häuser und Dörfer waren zerstört. Wir waren krank und müde, und nur allzu oft überwältigten uns Verzweiflung und Niedergeschlagenheit. Es war Maha Ghosananda, der nach Kambodscha reiste und die Flüchtlingslager in Thailand sowie die kambodschanischen Exilgemeinschaften in der ganzen Welt besuchte und uns daran erinnerte, daß der Buddhismus auch in uns noch lebendig war und daß wir in der Süße und Tiefe unserer Tradition einen Halt finden konnten. Ghosanandas Suche war die Reise eines Helden. Durch sein eigenes Beispiel hat er uns daran erinnert, jeden Schritt langsam, vorsichtig und in Achtsamkeit zu vollziehen und niemals innezuhalten.

Jetzt, nach Jahrzehnten des Konfliktes, haben Kambodschas Kriegsparteien einen Friedensvertrag unterzeichnet. Für uns zeichnet sich schließlich doch noch die Möglichkeit ab, Jahre des bitteren Konfliktes zu überwinden und ein Kambodscha zu schaffen, in dem es nationale Eigenständigkeit, Menschenrechte, das Recht auf Selbstbestimmung und Unabhängigkeit von den spezifischen Interessen größerer Mächte geben wird. Mut und Achtsamkeit können uns dabei helfen, ein Kambodscha wiederzuerrichten, das eine starke und sichere Heimat für unsere Kinder sein kann.

Maha Ghosanandas Lehren – einfach in ihrer Art, aber außerordentlich tiefgründig in ihrer Wirkung – können uns auf unserem Weg leiten helfen. Der Kern seiner Botschaft, daß in großem Leiden die Samen von Weisheit, Mitgefühl und Frieden liegen, birgt unerschöpfliche Hoffnung und Trost in sich – nicht nur für Kambodscha, sondern für die gesamte Welt.

Wenn der Buddha lächelt

Tiefes Leiden, tiefe Liebe – Die „Prophezeiung des Buddha" in unserer Zeit

von Jane Sharada Mahoney und Philip Edmonds

Selten ist in der menschlichen Geschichte ein Land so durch Krieg, Völkermord, begangen durch Angehörige des eigenen Volkes, durch Zwangsarbeit, soziale Manipulation und Selbstzerstörung zerrüttet worden wie Kambodscha im späten zwanzigsten Jahrhundert. Kambodscha, dieses kleine tropische Land auf der südostasiatischen Halbinsel, unsicher gelegen zwischen Thailand, Laos, Vietnam und dem Südchinesischen Meer, kann auf eine mehr als zweitausendjährige Geschichte zurückblicken. In der Zeit vom 9. bis ins 13. Jahrhundert, die auch als Angkor-Periode oder „Goldenes Zeitalter" bezeichnet wird, kontrollierten kambodschanische (oder Khmer-)Könige weite Teile der Halbinsel von Indochina. Sie standen an der Spitze eines Reiches, das sich durch wissenschaftliche, kulturelle und religiöse Errungenschaften auszeichnete. In anderen Perioden seiner Geschichte war Kambodscha zeitweise unabhängig, zeitweise dominiert von seinen Nachbarstaaten oder anderen ausländischen Regierungen.

Mitte des 19. Jahrhunderts wurde das Land von Frankreich kolonisiert und damit zu einem Teil Französisch-Indochinas. Um den inneren Frieden zu wahren, gestanden die Franzosen den Khmer-Königen zu, ihren Rang auch weiterhin in rein symbolischer Weise beizubehalten. Im Jahre 1953, nach einem Jahrzehnt kolonialer Herrschaft, erreichte König Norodom Sihanouk durch friedliche Verhandlungen Kambodschas Unabhängigkeit. Gemäß dem Souveränitäts-Abkommen dankte der König ab und stellte sich einer Wahl durch das Volk. Die königliche Linie der Khmer genoß in der Bevölkerung ein sehr hohes Ansehen, und Sihanouk wurde zum Staatsführer gewählt. Er führte von da an den Titel eines Prinzen. Im darauffolgenden Jahrzehnt lebte Kambodscha in Unabhängigkeit, Frieden und Wohlstand.

Gegen die Mitte der sechziger Jahre hatten nordvietnamesische Truppen damit begonnen, versteckte Niederlassungen auf dem Gebiet Kambodschas zu errichten. Prinz Sihanouk beschuldigte die USA im Hinblick auf ihre verstärkte Aktivität in Vietnam der Grenzverletzung und des unerlaubten Eindringens in Kambodscha, einem neutralen Land. Die wirtschaftlichen und militärischen Beziehungen zu den USA waren beeinträchtigt.

Im Jahre 1969 begannen die USA, Kambodscha zu bombardieren, um nordvietnamesische Militäreinrichtungen und Versorgungslinien zu zerstören. Die Bombardierungen richteten große Verwüstungen unter der Landbevölkerung und in der Agrarwirtschaft an. Wirtschaftliche, militärische und intellektuelle Gruppierungen begannen, die Politik Prinz Sihanouks hart zu kritisieren. Während einer Auslandsreise im Jahre 1970 wurde die jahrhundertelange Monarchie durch einen unblutigen Putsch beendet. Lon Nol, ein General, der die Unterstützung der USA besaß, wurde von den Anführern der verschiedenen Gruppierungen zum Staatsführer ernannt.

Die neue Regierung ging sehr bald ein formales Bündnis mit den USA ein, und die Bombardierungen nahmen an Ausmaß und Häufigkeit zu. Im Mai 1970 drangen amerikanische Bodentruppen in Kambodscha ein, töteten und verwundeten Zivilisten und zerstörten bei ihrer Suche nach vietnamesischen Kommunisten Marktplätze, Reisfelder und Dörfer.

Durch die fortgesetzten Bombardierungen und das Ende der traditionellen Monarchie weitete sich die politische Kluft zwischen der ländlichen und der städtischen Bevölkerung Kambodschas. Die Bauern, die die Monarchie stets sehr hoch geschätzt hatten, empfanden Lon Nols Politik als übel ersonnen und ausbeuterisch. Als ihnen das Wahlrecht entzogen wurde, war damit die Grundlage für eine Revolution gelegt, die Kambodscha für immer verändern sollte.

Seit den frühen dreißiger Jahren gab es in Kambodscha die Anfänge einer einheimischen kommunistischen Bewegung. Die Partei wurde von jungen Intellektuellen städtischer Herkunft geleitet, deren größter Teil in Paris zusammen mit den vietnamesischen Kommunisten studiert hatte. In der wachsenden Unzufriedenheit der Landbevölkerung erkannten die kambodschanischen Kommunisten eine Chance, ihre ultra-kommunistischen Theorien in die Praxis umzusetzen. Durch die Beitritte unzufriedener Bauern und Farmer sowie junger Menschen ländlicher Herkunft vergrößerte sich die Partei ständig. Schließlich trat auch Prinz Sihanouk ihr bei und wurde dem Namen nach ihr Oberhaupt. Dieser plötzliche Zuwachs an Glaubwürdigkeit führte dazu, daß die nunmehr als Rote Khmer bekannte Partei die für sie lebensnotwendige Waffenhilfe aus China erhielt. Solath Sar, ein junger Gelehrter, übernahm die Parteiführung, obwohl seine Identität vor der Öffentlichkeit geheimgehalten wurde. Jahre später wurde er eingeführt, jedoch ausschließlich unter seinem Kriegsnamen Pol Pot.

Die Luftattacken zwangen die vietnamesischen Kommunisten, immer tiefer in Kambodscha einzudringen, und sie verbündeten sich mit den Roten Khmer im Kampf gegen die pro-amerikanischen Truppen Lon Nols. Die ländlichen Gebiete Kambodschas wurden immer mehr zerstört, und einstmals wohlhabende Farmer mußten nach Nahrung suchen, um zu überleben. Tausende von Menschen flohen aus den Dörfern in die sichere Umgebung der Städte, nach Phnom Penh, Battambang und in andere städtische Regionen.

Die Militäraktion der USA in Kambodscha endete im August 1973, aber der Bürgerkrieg ging weiter. Die Roten Khmer übernahmen die Kontrolle über immer mehr Städte und Dörfer. Vielfach machten sie sich bei der Bevölkerung dadurch beliebt, daß sie sorgfältig ausgearbeitete Projekte zugunsten der Bürger in Gang brachten, den Buddhismus priesen und Lon Nol verunglimpften.

Im Frühjahr 1975 befanden sich Kambodschas Städte in einem krisenhaften Zustand, bedingt durch den Zustrom an Flüchtlingen, der die Stadtbevölkerung verdreifacht hatte. Die Inflation stieg ständig, und heimatlose Familien und Waisenkinder zogen durch die Straßen, stets auf der hoffnungslosen Suche nach Nahrung, medizinischer Hilfe und Schutz. Zwischen 1967 und 1975 wurden schätzungsweise eine Million Kambodschaner getötet oder verwundet, zwei Millionen verloren ihre Häuser. Das Land, das einstmals „die Reisschüssel Indochinas" genannt wurde, stand nunmehr am Rande einer Hungersnot.

Am Morgen des 17. April 1975, genau zwei Wochen bevor die nordvietnamesischen Truppen in Saigon einmarschierten und damit den Vietnamkrieg beendeten, drangen die Truppen der Roten Khmer in Phnom Penh ein, und in den Nachmittagsstunden unterlagen ihnen die Truppen Lon Nols. Hurrarufe schallten durch die Straßen, denn viele Menschen glaubten, daß nun endlich wieder Frieden einkehren würde.

In der Morgendämmerung des nächsten Tages jedoch erklärten die Roten Khmer den Beginn des „Jahres Null", den Anfang einer neuen Ära. Sie begannen mit einer grundlegenden sozialen Umgestaltung. Alle Bewohner der Stadt, ganz gleich ob jung oder alt, reich oder arm, wurden zu Märschen aufs Land gezwungen, wo sie als Bauern leben und arbeiten sollten.

„Nehmt nichts mit", sagten die Soldaten immer wieder. „*Angka* [eine Organisation der Roten Khmer] wird für alles sorgen." Angsterfüllt und verwirrt gehorchten ihnen die meisten Menschen. Viele von denen, die Kochgeschirr, Erbstücke, persönliche Dinge oder Nahrungsmittel mitzunehmen versuchten, wurden erschossen. Krankenhauspatienten, die zu krank waren, um gehen zu können, wurden aus dem Fenster geworfen. Als der Unmut unter den Menschen zunahm, versuchten es die Soldaten der Roten Khmer mit falscher Ermutigung: „Ihr werdet in drei Tagen wieder hier sein. Dies ist nur eine vorübergehende Maßnahme." Mehr als drei Millionen Stadtbürger jeden Alters traten den Marsch aufs Land an, und Tausende von ihnen starben unterwegs an der Hitze, an Erschöpfung, Durst, Dysenterie und durch die Belastung.

Das „Jahr Null" und Pol Pots Ultra-Marxismus sollten der Beginn eines weiteren glorreichen „goldenen Zeitalters" sein. Angka (nicht zu verwechseln mit Angkor, dem alten Reich) strebte die Errichtung einer selbstbewußten, reinen, klassenlosen agrarischen Kultur an. Die Städte sollten abgeschafft werden, der Dschungel und brachliegende Felder urbar gemacht werden. Ausgedehnte Bewässerungsanlagen sollten dazu dienen, die Agrarerträge zu steigern. Das neue egalitäre Utopia würde alle Spuren von Modernisierung und westlichem Einfluß ausradieren. Um diese Ziele zu verwirklichen, isolierten die Roten Khmer ihr Land unter einem dichten Schleier der Geheimhaltung. Die Grenzstraßen wurden gesichert, die Möglichkeiten einer Verbindung nach außen eingeschränkt.

Die Roten Khmer nahmen Prinz Sihanouk seine Titularmacht und stellten ihn unter Hausarrest. Das Land wurde in acht Sektoren aufgeteilt, die Regierungsmacht an die acht Leiter dieser Sektoren delegiert. Die Interpretationsweise der Ideologie und die Härte, mit der über die Einhaltung der Disziplin gewacht wurde, waren von Sektor zu Sektor verschieden. Jeder Bürger wurde einer Arbeitseinheit zugeteilt. Die traditionelle bäuerliche Tracht mit lose sitzenden schwarzen Hemden und Hosen und kurzgeschnittenem Haar wurde für beide Geschlechter und Menschen jeden Alters zur Norm.

Ihre Behausungen bekamen die Menschen von Angka zugewiesen. Da die Roten Khmer im Zuge ihrer Machtergreifung zahlreiche Dörfer dem Erdboden gleichgemacht hatten, wurden aus den jeweils am Ort verfügbaren Materialien kleine Hütten errichtet. Charakteristischerweise hatten die meisten dieser Behausungen keine Wände, um so den Kadern der Roten Khmer einen ungehinderten Blick auf die häuslichen Aktivitäten der Menschen zu ermöglichen.

Die Mechanisierung wurde durch Handarbeit ersetzt. Alle Kambodschaner wurden zu Feldarbeitern, ungeachtet ihres Alters, ihres Gesundheitszustandes, ihrer Ausbildung oder ihres früheren Berufes. Unter Bewachung kultivierten sie die Felder mit Hilfe von Hacken und Sicheln, Ochsenkarren und Wasserbüffeln oder indem sie sich selbst vor den Pflug spannten. Oftmals dauerte die Arbeit bis zu achtzehn Stunden am Tag, und das an sieben Tagen in der Woche. Selbst Kinder im Alter von drei Jahren oder etwas älter arbeiteten an der Seite der körperlich arbeitstüchtigen Erwachsenen. „Wer arbeitet, bekommt auch zu essen", war das Motto, von dem es keine Ausnahme gab. Aber die altertümlichen Methoden der Feldbewirtschaftung produzierten Reisfelder, die nicht genug hergaben, und die Nahrung mußte streng rationiert werden – wer krank war und nicht arbeiten konnte, bekam sogar noch weniger zu essen. Als die Nahrungsvorräte immer kleiner wurden, begannen verzweifelte Dorfbewohner, heimlich nach Wurzeln zu graben, Blätter und Baumrinde zu sammeln und Insekten und Ratten zu jagen, obwohl es in einigen Sektoren bei Strafe verboten war, sich selbst Nahrung zu beschaffen.

Die Roten Khmer konstruierten Bewässerungssysteme, von denen sie hofften, daß sie mit den legendären Bewässerungseinrichtungen des Angkor-Königreiches konkurrieren könnten. Aber ohne die Hilfe von Ingenieuren oder moderner Technologie versagten die Anlagen. Das Trinkwasser wurde verseucht, das Wasser für die Äcker wurde knapp, und die ohnehin schon kümmerlichen Ernten verdorrten. Die mangelhafte Ernährung und die zu harte Arbeit forderten ihren Tribut: Durch Hunger und Überbelastung bedingte Krankheiten, Dysenterie, Cholera und Malaria gab es im Überfluß. Viele Dorfbewohner erblindeten aufgrund von

Vitaminmangel. Medizinische Hilfe war streng rationiert und beschränkte sich auf die traditionellen Methoden der Volksheilkunde.

Um das „Jahr Null" und ihre eigene Kontrolle darüber vorzutäuschen, ächteten die Roten Khmer nahezu alles, was an die kulturellen Grundlagen Kambodschas erinnerte. Kambodscha war ein tief in seiner Tradition verwurzeltes Land gewesen, und die Familienbande gehörten zu den stärksten kulturellen Bindungen. In vielen Sektoren wurde das Familienleben abgeschafft – die Kinder lebten von ihren Eltern getrennt entweder in eigenen Quartieren oder meilenweit entfernt an anderen Arbeitsorten. Vielfach verloren die Familienmitglieder völlig den Kontakt miteinander.

Selbst in denjenigen Sektoren, in denen die Familien intakt blieben, hatten die Belange der Gemeinschaft Vorrang, und die traditionelle Ordnung des Respekts zwischen den Generationen wurde umgekehrt. Kinder galten als die „unverdorbenen Gefäße der Angka" und besaßen darum Autorität über Erwachsene. Sie konnten die Erwachsenen zur Arbeit anweisen und waren aufgefordert, alle Verstöße der Erwachsenen gegen die Angka-Politik zu melden. Die Eltern hatten nicht mehr das Recht, die Ehepartner für ihre Kinder auszuwählen. Die Kader der Roten Khmer arrangierten und vollzogen alle Trauungen, und revolutionäre Zeremonien ersetzten die buddhistischen Rituale. Vielfach wurden die Trauungen auf freiem Feld abgehalten, damit der Arbeitsfluß nicht unterbrochen werden mußte. Junge Paare, die sich heimlich ohne Erlaubnis der Angka trafen, wurden bestraft. In einigen Fällen wurden die nackten Leichen junger Liebespaare öffentlich ausgestellt – eine schreckliche Mahnung, was passierte, wenn man es wagte, Angka herauszufordern.

Das Privatleben und die Gefühle der Menschen oblagen strengster Kontrolle. Selbst wer nur klagte, konnte scharf bestraft werden. Vielfach wurden Menschen dazu gezwungen, schweigend zuzusehen, wie man ihre Liebsten ermordete, denn aufzuschreien hätte bedeutet, das Urteil der Angka in

Frage zu stellen. Auch Erinnerungen waren verboten. Weil das Jahr Null den Beginn einer neuen Zeit markieren sollte, galt wehmütiges Erinnern als Fortschrittshindernis. Man konnte bestraft werden, wenn man vom Buddha, vom König oder von vergangenen Zeiten sprach. Alte Lieder zu singen oder alte Märchen zu erzählen wurde als Verbrechen gegen den Staat betrachtet. „Angka ist wie eine Ananas", wurde den Menschen gesagt, „ihre Augen sehen überall hin."

„Was infiziert ist, muß herausgeschnitten werden" – das wurde die Formel der sozialen „Reinigung". Menschen, die Angkas politische Stellung in Frage stellten oder nicht „rein" bäuerlicher Abstammung waren, wurden systematisch eliminiert. Zu ihrer Auslöschung ausgesondert wurden Mitglieder der früheren Regierung und diejenigen, die an Militäraktionen teilgenommen hatten, Mönche und Nonnen, ethnische Minderheiten und jeder, der eine geregelte Ausbildung genossen hatte. Oft fanden Exekutionen statt, ohne daß ihnen ein Prozeß vorausgegangen wäre. In extremen Fällen reichten sogar eine helle Hautfarbe, das Tragen einer Brille oder das Sprechen eines nicht bäuerlichen Dialektes als Gründe für eine Exekution aus.

„Euch zu behalten ist kein Gewinn, euch zu zerstören kein Verlust", erklärten die Roten Khmer. Um zu überleben, legten ganze Familien ihre frühere Identität ab und erfanden komplizierte Details ihrer einstmaligen Wohnorte, ihrer Lebensweise und ihrer Berufe neu. Ärzte, Rechtsanwälte, Lehrer und Wirtschaftsführer gaben vor, Kenntnisse in der Landbewirtschaftung zu besitzen in der Hoffnung, so dem Terror der Massenexekutionen zu entkommen. In schweren Fällen wurden ganze Familien einschließlich kleiner Kinder getötet und in Massengräbern verscharrt.

Um ihre Macht durchzusetzen, veranstaltete Angka regelmäßige Indoktrinationsveranstaltungen. Die Menschen waren gezwungen, an diesen Veranstaltungen teilzunehmen, auf denen der neue Staat gepriesen wurde. Von Zeit zu Zeit wurden Dorfbewohner, die gegen die Regeln verstoßen hatten, auf diesen Veranstaltungen vorgeführt, zur Demütigung oder um körperlich bestraft zu werden. Tausende von „Unverbesserlichen" wurden per Schiff in Umerziehungslager gebracht, wo sie kaum zu essen bekamen sowie harter Arbeit und Folter ausgesetzt waren. Einige tausend Fotografien und detaillierte Berichte beweisen, daß in Tuol Sheng, einer früheren Hochschule in Phnom Penh, über 12000 Menschen umgebracht wurden – Männer, Frauen und Kinder, die erhängt, ertränkt, ausgeweidet, verstümmelt oder von den Kadern der Roten Khmer durch Stromstöße getötet wurden.

Nur die Armen, Unausgebildeten, die nicht lesen und schreiben konnten, blieben übrig, um das Land zu bewirtschaften. Vom Hunger und vom täglichen Kampf um das Überleben geschwächt, waren sie nicht in der Lage, sich gegen die Roten Khmer zu verbünden oder irgendeine Art von nennenswertem Widerstand auszuüben. In der Umgebung der meisten Dörfer gab es verstreut umherliegende Leichen und Massengräber. Die Kambodschaner begannen, ihr Land „Die Felder des Todes" zu nennen.

Gegen das Jahr 1978 unternahmen einige unzufriedene Führer der Roten Khmer mehrere erfolglose Putschversuche. Als Antwort darauf richtete die Angka ihre Verfolgungen nun nach innen. Tausende ehemaliger Führer wurden in Tuol Sheng gefangengehalten. Viele Funktionäre brachten sich nach Vietnam in Sicherheit.

Gleichzeitig war die Macht der Roten Khmer von außen durch vietnamesische Grenzüberschreitungen bedroht. Kurz nach ihrer Machtergreifung in Phnom Penh hatten die Roten Khmer das Militärbündnis mit Vietnam aufgekündigt und eine Reihe von Angriffen im vietnamesischen Grenzland unternommen. Bis zum Ende des Jahres 1978 hatte sich aus diesen einzelnen Gefechten ein regelrechter Guerillakrieg entwickelt, der auch auf kambodschanisches Gebiet übergriff.

Die Roten Khmer zogen Tausende von jungen Kambodschanern zum Militärdienst ein, zum Teil auch erst zehnjährige Kinder. Als die Vietnamesen die Kontrolle über mehr und mehr kambodschanische Städte und Dörfer erlangten, flohen die Roten Khmer in die Berge entlang der thailändischen Grenze. Bei ihrem Rückzug verbrannten sie Bauernhöfe, Reisfelder und Dörfer. Am Weihnachtstag 1978 unternahmen die vietnamesischen Streitkräfte, unterstützt von einem kleinen Kontigent von Dissidenten der Roten Khmer, einen Angriff auf Phnom Penh, und am 7. Januar 1979 übernahmen sie die Kontrolle über das gesamte Land.

Mit der vietnamesischen Besatzung wurden der Schrekken und die Zerstörung durch die Roten Khmer in ihrem ganzen Ausmaß der Welt bekannt. Zwei bis drei Millionen Kambodschaner waren verhungert oder hingerichtet worden oder an Seuchen, Erschöpfung und Folter zugrunde gegangen. Unzählige andere waren verwundet und invalide. Sie würden die körperlichen und seelischen Wunden des Holocaust für den Rest ihres Lebens mit sich herumtragen. Familien waren auseinandergerissen worden – viele von ihnen sollten niemals wieder zusammenfinden. Waisenkinder liefen durch die Straßen auf der Suche nach Schutz. Häuser und Dörfer waren dem Erdboden gleichgemacht worden, und Leichen verunreinigten die Straßen und Reisfelder.

Das Land lag in Trümmern. Krankenhäuser, Banken, Industrieanlagen und Regierungsgebäude waren in Schutt und Asche gelegt worden. Verstreut umherstehende verlassene Fahrzeuge versperrten die Straßen und Brücken. Die Währung war abgeschafft worden, die Wirtschaft zum Stillstand gekommen, kulturelle Institutionen und Bildungseinrichtungen hatten sich aufgelöst. Die Nahrung war knapp, es gab keinen elektrischen Strom, und das vorhandene Wasser war kontaminiert. Diejenigen, die den Holocaust überlebt hatten und deren Leben zerstört worden war, suchten nach neuer Kraft, um ihr Leben und das Land wieder aufzubauen.

*

Im Norden grollt der Donner –
Feuer verbrennt das Wasser, den Bodhi-Baum
und den Dschungel …

Dieses bekannte kambodschanische Gedicht, die „Prophezeiung des Buddha", wurde vor Jahrhunderten auf ein dünnes Palmenblatt geschrieben. Liest man es im Licht der Ereignisse aus jüngerer Vergangenheit, so scheint es, als sei darin die drohende Zerstörung des kambodschanischen Buddhismus während der Ära der Roten Khmer vorausgesagt. Die Politik des Jahres Null zerstörte nahezu alle der 3600 buddhistischen Tempel in Kambodscha, und nur etwa 3000 von Kambodschas 50 000 Mönchen überlebten Zwangsarbeit, Folter, Hunger und die Exekutionen. Über das Schicksal der buddhistischen Nonnen macht die Statistik keine genauen Angaben, aber die Tatsache, daß sie verfolgt wurden, ist gut dokumentiert. Die meisten kambodschanischen buddhistischen Archive und die Schrifttümer der Tempel wurden ebenfalls entweiht.

Die Tigerin findet stets Nahrung im Dschungel.
Selbst wenn sie schläft, bewacht sie unsere Religion …
Wenn die Sonne untergeht,
fährt die Tigerin damit fort, das Feuer auszulöschen.

Die „Prophezeiung des Budda" scheint auch Hoffnung zu verheißen. Maha Ghosananda hat sie eine Feier der Stärke des kambodschanisch-buddhistischen *sangha* genannt, der Gemeinschaft der Mönche. Der „Bodhi-Baum", der Ort der Erleuchtung des Buddha, ist ein Symbol für den Buddhismus. Die „Tigerin" ist nach Ghosanandas Annahme ein Symbol für die tiefe Liebe der Kambodschaner zum Buddhismus.

Der Buddhismus wurde im 6. Jahrhundert v. Chr. in Indien gegründet und gelangte in der zweiten Hälfte der Angkor-Periode nach Kambodscha. Im späten 12. Jahrhundert erklärte der Angkor-König Jayavarman VII. den Buddhismus zur Staatsreligion, und seitdem ist er für die meisten Kambodschaner die Religion, in die sie hineingeboren werden.

Die große Mehrzahl der Kambodschaner stammt von den Khmer ab, und oft heißt es voller Stolz: „Khmer sein heißt Buddhist sein", obwohl es natürlich Kambodschaner gibt, die anderen religiösen Traditionen anhängen. Auf dem Land verschmelzen in der buddhistischen Praxis vielfach Animismus und einheimisches geistiges Gebet. Im Laufe der Zeit hat der Buddhismus eine zentrale Rolle in der kambodschanischen Gesellschaft gespielt. Er diente als Entwurf für das tägliche Leben und lieferte die moralischen Grundprinzipien, eine Anleitung für das Familienleben, eine Basis für nationale Feiertage und kulturelle Ereignisse und die Grundlage der Sozialpolitik.

Die Beziehung zwischen den Mönchen und den religiösen Laien war immer wechselseitig. Getreu ihren Gelübden üben die Mönche Entsagung. Sie verzichten auf persönliche Besitztümer und essen nur, was ihnen auf ihren täglichen Almosengängen angeboten wird. Sie tragen ausschließlich Kleidung, die ihnen von Laien gegeben wird, und die Unterhaltung der Tempel wird aus Spenden finanziert. Umgekehrt sind es die Mönche, die die moralischen Grundlagen der Gesellschaft aufrechterhalten und vorleben. Darüber hinaus obliegen ihnen wesentliche Dienste wie die Lehre und der Vollzug von Ritualen. Weil sie das Erreichen einer hohen Ebene von Spiritualität, die Einheit der Gemeinschaft und den kulturellen Stolz des Landes verkörpern, gehören die Mönche zu den am meisten respektierten Mitgliedern der kambodschanischen Gesellschaft. Die ehrenvolle Beziehung zischen den Mönchen und den Laien ist eng verknüpft mit dem Konzept des „Verdienstes". Indem sie ihre wechselseitig aufeinander bezogenen Rollen ausfüllen, erhöhen sowohl die Mönche als auch die Laien ihr Verdienst und arbeiten gemeinsam auf die Ziele einer Erleuchtung und einer günstigen Wiedergeburt hin.

Die Roten Khmer jedoch betrachteten die Mönche als Parasiten, die auf Kosten der Bevölkerungsmehrheit lebten. (Dies ist vergleichbar mit der chinesischen Auffassung des tibetischen Buddhismus vor der „Befreiung" Tibets.) Angka glaubte, daß die finanzielle Unterstützung der Mönche und Nonnen dem allgemeinen Wohlstand und dem wirtschaftlichen Unterhalt des Landes schadete. Das Credo der Roten Khmer, „Wer arbeitet, bekommt auch zu essen", diente dazu, die Abschaffung der Klöster zu rechtfertigen.

Viele Mönche, die nicht hingerichtet wurden, mußten erniedrigende Arbeiten verrichten, z. B. Mist schaufeln. Andere wurden gezwungen, Dinge zu tun, die ihnen traditionell verboten waren, wie z. B. Waffen zu transportieren. Die Tempel *(wats)* wurden nicht nur geschlossen, sondern auch entweiht. Die meisten von ihnen wurden zerstört, und ihre Trümmer wurden zum Bau von Straßen, Brücken und Fundamenten verwendet. Diejenigen Wats, die nicht dem Erdboden gleichgemacht wurden, dienten als Munitionslager, Kornspeicher, Viehställe, Schweinefarmen oder als Plätze zur Herstellung von Düngemitteln. Einige Tempel in entlegenen Gebieten wurden zu Folter- und Hinrichtungsstätten. Bei der Zerstörung der Tempel wurden Buddha-Statuen zertrümmert, geköpft oder für Schießübungen benutzt. Alte Schriften wurden verbrannt, in Teiche geworfen oder als Zigarettenpapier verwendet.

„Die Roten Khmer glaubten, sie könnten den Buddhismus vernichten", sagt Maha Ghosananda. „Sie versuchten ihn auszulöschen. ... Aber der Buddhismus kann nicht sterben. Er ist lebendig im Leben der Kambodschaner, in ihrer Sprache und in ihrer Liebe zu ihren Vorfahren. Am lebendigsten aber ist der Buddhismus in den Herzen der Kambodschaner!"

*

Der Ehrwürdige Maha Ghosananda wurde 1929 in den fruchtbaren Ebenen des Mekong-Deltas geboren. Er entstammt einer Bauernfamilie aus einem kleinen Dorf in der Provinz Takeo. Im Alter von acht Jahren begann er, im Wat seines Dorfes als Tempeljunge zu dienen. Die Mönche waren beeindruckt von seinem großen Interesse am Klosterleben und ließen ihm viel Ermutigung zukommen. Als er vierzehn Jahre alt war, bat Ghosananda seine Eltern um den Segen, ein Mönch werden zu dürfen, und er erhielt ihn.

Nach Abschluß seines Studiums an der Buddhistischen Universität von Phnom Penh wechselte Ghosananda zu weiterführenden Studien an die Buddhistische Universität von Battambang. Später verließ er Kambodscha, um an der indischen Nalanda-Universität in Bihar zu promovieren. Er bestand die Pali-Examen und erhielt den Titel „Maha" noch vor seinem dreißigsten Lebensjahr. Sein Name Maha Ghosananda bedeutet „Großer freudevoller Verkünder".

Um seine universitäre Ausbildung zu ergänzen, besuchte Ghosananda verschiedene buddhistische Zentren in Asien. Er studierte dort bei einigen der größten zeitgenössischen Meister des Buddhismus. Im indischen Rajgir wurde Ghosananda Schüler des japanischen Mönches Nichidatsu Fujii, dem Gründer der Nipponzan-Myohoji-Sekte, die sich dem Weltfrieden verschrieben hat. Von Meister Fujii, der Mahatma Gandhi eng verbunden war, lernte Ghosananda die Prinzipien der Lehre von Frieden und Gewaltlosigkeit. Er lernte außerdem beim kürzlich verstorbenen Somdech Prah Sangha Raja Chuon Noth, dem Höchsten Patriarchen des kambodschanischen Buddhismus. Nur wenigen Mönchen wurde die Ehre zuteil, Schüler von Sangha Raja zu sein. Daß der Partriarch ihn als Schüler annahm, bezeugt den spirituellen Fortschritt des jungen Ghosananda. Durch seine ausgedehnten Reisen und Studien lernte Maha Ghosananda fließend Hindi, bengalisch, Sanskrit, Pali, singhalesisch, burmesisch, vietnamesisch, laotianisch, thailändisch, japanisch, französisch, englisch und deutsch zu sprechen. Darüber hinaus beherrscht er verschiedene chinesische Dialekte.

Im Jahre 1965, im Alter von 36 Jahren, verließ Maha Ghosananda Kambodscha und reiste in die einsamen Wälder Süd-Thailands, wo er ein Schüler des bekannten Meditationsmeisters Achaan Dhammadaro wurde. Wenn Maha Ghosananda heute seinen Schülern seine Meditationspraxis demonstriert, bewegt er seine linke Hand in einem langsamen Rhythmus auf und ab und sagt: „Im Kloster lernten wir auf diese Art zu meditieren. Den ganzen Tag bewegten wir die linke Hand auf und ab, auf und ab, achtsam, und folgten dabei behutsam jedem unserer Atemzüge. Jeden Tag haben wir nur dies getan – nichts anderes." Eine solche Art von meditativem Leben paßte gut zu diesem „Mönch von Natur aus".

Maha Ghosananda lebte seit vier Jahren in Thailand im Kloster, als die USA sein Heimatland zu bombardieren begannen und im darauffolgenden Jahr ein regelrechter Bodenkrieg ausbrach. „Man sagte uns, daß wir nicht zulassen sollten, daß der Krieg in Kambodscha unseren Geist beeinflußte. Wir sollten uns durch ihn nicht in unserer Konzentration stören lassen. Dennoch weinten wir jeden Tag um Kambodscha."

Ghosananda lebte jedoch neun weitere Jahre lang zurückgezogen in den Wäldern von Thailand, während in Kambodscha der Krieg und später der Holocaust tobte. Indem er meditierte und Achtsamkeit übte, wuchs sein innerer Frieden, und er wartete ab im Gebet um eine Möglichkeit, seinem Volk helfen zu können.

*

Die staubige Straße nach Sakeo wimmelte von Kriegsflüchtlingen. Unter der sengenden Sonne nahmen ganze Ströme von Männern, Frauen, Alten und Kindern ihren Weg über die trockene, rote Erde. Ihre Körper waren mager und geschwächt, die Augen tief eingesunken, die Haut in ihren Gesichtern war verbrannt und rissig von der Sonne und der Einwirkung des Wetters. Sie taumelten vor Erschöpfung und weinten vor Durst. Ihre Bewegungen waren langsam und stockend.

Man schrieb das Jahr 1978. Diese Menschen hatten die Felder des Todes überlebt. Sie waren auf der Flucht vor den Greueln des Krieges, der Zwangsarbeit, dem Völkermord und der religiösen Unterdrückung in Kambodscha. Hinter ihnen lagen ihre geliebten Städte und Dörfer, ihre Reisfelder und Tempel in Schutt und Asche. Vor ihnen lagen die Flüchtlingslager und die Hoffnung zu überleben.

Fünfzig Meilen von ihnen entfernt fuhr ein alter Bus eine steile, gewundene Paßstraße hinunter. Maha Ghosananda saß mit überkreuzten Beinen und gebeugtem Kopf auf einem der harten Sitze. Seine Augen waren geschlossen, und sein safrangelbes Gewand fiel in anmutigem Faltenwurf bis zum Boden. Der schmächtig gebaute Mönch mittleren Alters wirkte heiter und ruhig. Die Rauchwolken, die der Bus ausstieß, das Quietschen der Reifen und die schlingernde Fahrt schienen ihn nicht zu beeinflussen. Erfüllt von Mitgefühl war er unterwegs zum Sakeo-Camp. Als einer von ein paar Tausend Mönchen, die unter den Roten Khmer nicht zugrunde gegangen waren, reiste er allein und erreichte die Pforte des Flüchtlingslagers drei Tage, nachdem die ersten Flüchtlinge dort eingetroffen waren. Das Camp war überfüllt – die Straßen quollen über vor Menschen, das Abwasser floß in offenen Rinnen, Nahrung und Wasser waren knapp. Die meisten Flüchtlinge saßen zusammengekauert in ihren zerfetzten Stoffzelten. Nachdem er den Kontrollpunkt passiert hatte, ging Ghosananda langsam auf die Mitte des Lagers zu, und während er dies tat, verwandelte sich die Schwermut, die über dem Camp gelegen hatte, in Aufregung. Die Flüchtlinge kamen hastig aus ihren Zelten. Sie starrten auf sein safrangelbes Gewand, dieses für lange Zeit verbotene Symbol buddhistischer Hingabe. Viele von ihnen blieben in sicherer Distanz, überwältigt von angsterfüllten Erinnerungen. Ghosananda griff in die Stofftasche, die er über der Schulter trug, und holte eine Handvoll zerknitterter Flugblätter heraus – Kopien des *Metta Sutta*, der Worte des Buddha über Mitgefühl und Vergebung für die Unterdrücker. Er gab jedem der Flüchtlinge, die sich in seiner Reichweite befanden, eines der Blätter. Dabei neigte er seinen Kopf in der traditionellen Geste des Respekts.

In diesem Augenblick vereinigten sich großes Leiden und tiefe Liebe. Im Bewußtsein der Flüchtlinge erwachten mit einem Mal ganze Jahrhunderte buddhistischer Hingabe. Gruppen von Überlebenden fielen auf die Knie, lagen demütig hingestreckt auf der Erde und wehklagten laut. Das Lager hallte von ihren Klagen wider. Viele Menschen sagen, daß an diesem Tag das Dharma, das tief in ihren Herzen geschlummert hatte, während der Bodhi-Baum brannte, wieder zum Leben erweckt wurde.

Seit diesem ersten Besuch in Sakeo hat sich Maha Ghosananda pausenlos für Frieden und für den Wiederaufbau Kambodschas eingesetzt. Nach dem Beispiel des Buddha steht am Beginn und am Ende aller seiner Anstrengungen die liebevolle Güte und Freundlichkeit, die Kraft, von der er glaubt, daß sie stark genug ist, „die Welt zu überwinden".

*

Nach ihrem Sieg über die Roten Khmer hatten die Vietnamesen in Kambodscha eine Marionettenregierung eingesetzt. Sie wurde geführt von Heng Samrin, einem Abtrünnigen der Roten Khmer. Die Armee der Roten Khmer, die besiegt, aber nicht zerschlagen worden war, formierte sich an ihrem Zufluchtsort in den nordwestlichen Bergen neu und leistete der vietnamesischen Kontrolle schon bald erbitterten Widerstand. Es bildeten sich noch zwei weitere Widerstandstruppen – eine von ihnen wurde geführt vom ehemaligen Prinzen Sihanouk, die andere von Son Sann, Sihanouks ehemaligem Premierminister. Jede der vier Parteien stellte Guerillatruppen auf, die gegeneinander um die Vorherrschaft in Kambodscha kämpften. Im Jahre 1982 verbündeten sich die drei kambodschanischen Widerstandsgruppen unter dem Druck der USA, Chinas und anderer Länder zur Bildung einer Exilregierung. Die Vereinten Nationen erklärten, daß die von den Vietnamesen unterstützte Regierung eine „Besatzung durch Waffengewalt" sei und erkannten den Sitz Kambodschas bei den Vereinten Nationen der Exilregierung zu, der auch die Roten Khmer angehörten.

Gegen Ende des Jahres 1989 gab Vietnam dem Druck der USA nach, zog seine Truppen aus Kambodscha zurück und installierte Hun Sen, einen weiteren Abtrünnigen der Roten Khmer, als neues Regierungsoberhaupt. Im Oktober 1991 unterzeichneten alle vier kambodschanischen Parteien in Paris einen Friedensvertrag, der unter Vermittlung der Vereinten Nationen zustandegekommen war. Sie beendeten damit einen Krieg, der mehr als 25 Jahre gedauert hatte. Der Vertrag sieht vor, daß im Anschluß an eine Waffenruhe eine 70prozentige Demobilisierung der vier rivalisierenden Armeen erfolgen soll. Darüber hinaus soll die ausländische Militärhilfe eingestellt werden, und eine halbe Million Flüchtlinge aus den Lagern an der Grenze des Landes sollen wieder in ihrer Heimat angesiedelt werden. Es soll eine Interimsregierung gebildet werden, die sich aus Repräsentanten aller vier Parteien zusammensetzt und von den Vereinten Nationen überwacht wird. Für die Mitte des Jahres 1993 waren von den Vereinten Nationen überwachte Wahlen vorgesehen. Der Vertrag bestätigt Kambodschas Unabhängigkeit, Souveränität und Neutralität.

Über mehr als zehn Jahre hinweg hat Maha Ghosananda eine wichtige Rolle bei der Erarbeitung dieser lang erwarteten Übereinkunft gespielt. In seiner Rolle als Diplomat und spiritueller und kultureller Anführer hinter den Kulissen ist er ständig zwischen Kambodscha und den Flüchtlingsgemeinschaften in aller Welt hin- und hergereist. Er hat in den Lagern Tempel errichtet, zunächst in Sakeo, dann auch in jedem der anderen Lager, auch in den von den Roten Khmer kontrollierten. Er hat die Leiter der Lager bei der Entwicklung von Programmen zur Bewahrung des spirituellen, pädagogischen und kulturellen Erbes unterstützt. Im Jahre 1980 gründete er zusammen mit dem christlichen Sozialaktivisten Peter Pond eine interreligiöse Mission für das kambodschanische Volk. Ghosananda und Pond machten Hunderte von überlebenden Mönchen und Nonnen ausfindig und halfen ihnen bei der Erneuerung ihrer Gelübde und bei der Übernahme von Führungsrollen in den kambodschanischen Tempeln in aller Welt. Mit der Unterstützung kambodschanischer Laien gründete Ghosananda allein in den USA und Kanada mehr als 30 Tempel. In Kambodscha hat er beim Wiederaufbau vieler weiterer Tempel geholfen, und er leitete die Ausbildung der Mönche und Nonnen in den Prinzipien der Gewaltlosigkeit und in der Überwachung der Menschenrechte.

Im Jahre 1980 nahm Ghosananda eine Einladung an, die Exil-Khmer-Nation als Berater in den wirtschaftlichen und sozialen Gremien der Vereinten Nationen zu repräsentieren. Aus dieser Position heraus brachte er zahlreiche Wirtschaftsinitiativen in Gang und traf sich regelmäßig mit den religiösen Führern der Welt. Er trug dazu bei, ein andächtiges Bewußtsein über das Leiden Kambodschas und das drängende Bedürfnis nach Frieden zu schaffen.

Er stand darüber hinaus einem Kontigent von Mönchen vor, das an allen hochrangigen kambodschanischen Friedensgesprächen teilnahm. Indem sie eine strikt neutrale Haltung einnahmen, haben diese Mönche bei den Versammlungen eine Atmosphäre der Ruhe erzeugt. Sie schlugen Kompromisse vor und baten die Verhandlungsführer darum, sich auf ihre Buddha-Natur zu besinnen. Auf diese Weise führten sie die Macht der Gewaltlosigkeit für jedermann sichtbar vor.

Im Jahre 1988 wurde Maha Ghosananda zum *Somteja*, dem Höchsten Patriarchen des kambodschanischen Buddhismus, gewählt. Traditionellerweise wird diese wichtige Position durch ein öffentliches Votum aller kambodschanischen Mönche bekräftigt. Weil sie sich jedoch in der Diaspora befanden, wurde die Ernennung nur von einer kleinen Versammlung von Mönchen und Leitern von Laienkongregationen bestätigt, die in Paris stattfand. Ghosananda nimmt die Führungsrolle über sein Volk liebevoll an, hat jedoch auch erklärt, daß er dieses Amt niederlegen wird, sobald die Sangha wieder vereint sein wird und eine allgemeine Wahl stattfinden kann.

Heute unternimmt Ghosananda nach wie vor Reisen in die ganze Welt. Er bringt seinem vom Krieg zerrütteten Volk Hoffnung und ermöglicht den Menschen einen Einblick in die wahre Natur des Friedens. In einer nicht lange zurückliegenden Zusammenkunft mit Norodom Sihanouk, der mittlerweile als Präsident der Interimsregierung nach Kambodscha zurückgekehrt ist, wurde Maha Ghosananda von diesem versichert, daß der Buddhismus auch unter der neuen Regierung Religionsfreiheit genießen wird und daß die Menschenrechte geachtet werden sollen.

In weiten Teilen der Welt fragt man, ob es richtig war, den Roten Khmer die Teilnahme an der Interimsregierung zu gestatten. Nachdem er über Jahre hinweg das Leiden so vieler Menschen gesehen hat, ist Maha Ghosananda dennoch in der Lage, heiter zu lächeln und zu sagen: „Wir brauchen sowohl Weisheit als auch Mitgefühl. Wir verurteilen das, was passiert ist, aber wir können diejenigen, die so gehandelt haben, nicht hassen. Mit unserer Liebe werden wir alles tun, was wir tun können, um den Frieden für alle zu sichern. Es gibt keinen anderen Weg."

*

Im Laufe der Jahre sind Maha Ghosananda viele Ehrbezeugungen zuteil geworden. Man hat ihn „den Ghandi Kambodschas" genannt, „den lebenden Reichtum Kambodschas", „das verkörperte Dharma". Er ist ein Mensch, der der Welt in jedem Augenblick liebevolle Güte anbietet; er ist der bescheidene Lehrer, der sich freudig erhebt, um seinen Gästen Tee anzubieten, der freigebige Mönch, der fast alles, was ihm begegnet, an andere weitergibt, der maßvolle Meister, der nichts will und nichts wählt, der freundliche *bodhisattva*, der die anderen durch das Leuchten seines Gesichtes und sein ansteckendes Lachen lehrt.

Dieses Buch sammelt die Gespräche und Schriften von Maha Ghosananda. Indem er in die Fußstapfen Gandhis tritt und die tiefsten Lehren des Buddha in sich aufnimmt, bietet Ghosananda Gedanken und Einsichten in das Wesen des Friedens und der Versöhnung, der Weisheit und des Mitgefühls an, außerdem Möglichkeiten, wie wir sie in unser tägliches Leben und in die Weltgemeinschaft einbringen können. Dieses Buch wurde mit Hilfe zahlreicher Freunde und Schüler des Ehrwürdigen Maha Ghosananda zusammengestellt. Bei unserer gemeinsamen Arbeit verfolgten wir zwei Ziele: Wir wollten dem Ehrwürdigen für den Reichtum danken, den er in unser Leben gebracht hat, und wir wollten seine Weisheit und sein Mitgefühl einem größeren Publikum mitteilen. Wir danken allen, die dazu beigetragen haben, daß dieses Buch realisiert werden konnte. Wir hoffen, daß es uns gelungen ist, Maha Ghosanandas schrankenlose Liebe und seine tiefe Weisheit an die Leser weiterzugeben, und wir hoffen, daß Sie dieses schmale Büchlein immer wieder mit Freude zur Hand nehmen mögen, um in der schlichten Eleganz seiner Worte immer tiefere Schichten der Wahrheit zu entdecken.

Meditationen über Weisheit

Gebet für den Frieden

Liebe Brüder und Schwestern,

mein Name ist Maha Ghosananda, und ich bin ein buddhistischer Mönch aus Kambodscha.

Das Volk von Kambodscha hat großes Leid erfahren. Zusammen mit Millionen vom Frieden erfüllter Kambodschaner bete ich dafür, daß alle Menschen in ihren Herzen Stärke und Mitgefühl finden mögen und sich dabei von diesen Worten des Buddha leiten lassen mögen:

> In denen, die Gedanken der Anschuldigung und der Rache gegen andere hegen, wird der Haß niemals aufhören. In denen, die nicht an Schuld und Rache denken, wird der Haß sicherlich ein Ende finden. Denn Haß wird niemals durch Haß beendet. Haß wird durch Liebe beendet. Dies ist ein ewiges Gesetz.
>
> So wie eine Mutter ihr Kind beschützen würde, selbst unter Einsatz ihres eigenen Lebens, so sollte man ein Herz ausbilden, das sich allen Geschöpfen schrankenlos öffnet. Man sollte seine Gedanken der Liebe die gesamte Welt durchdringen lassen – oben und unten, kreuz und quer, ohne irgendein Hemmnis, ohne jeglichen Haß, ohne jedwede Feindschaft.
>
> So lange man wach ist, sollte man diese Achtsamkeit aufrechterhalten. Dies zu tun bedeutet, ein gesegnetes Dasein in diesem Leben zu erlangen.

In Kambodscha war tiefes Leiden.
Aus diesem Leiden erwächst tiefes Mitgefühl.
Tiefes Mitgefühl schafft ein friedvolles Herz.
Ein friedvolles Herz schafft einen friedvollen Menschen.
Ein friedvoller Mensch schafft eine friedvolle Familie.
Eine friedvolle Familie schafft eine friedvolle Gemeinschaft.
Eine friedvolle Gemeinschaft schafft eine friedvolle Nation.
Und eine friedvolle Nation schafft eine friedvolle Welt.
Mögen alle Geschöpfe in Glück und Frieden leben.

Amen.

Das Universum beherrschen

Zu Beginn hielten die Götter und Göttinnen eine Wahl ab, um festzulegen, wer am besten dazu geeignet war, das Universum zu regieren. Der erste Kandidat war Agnidevaputra, der Gott des Feuers. „Ich bin der Stärkste", sagte er, „also sollte ich regieren: Seht meine Macht." Und als er mit lauter Stimme zu singen begann, erhob sich aus der Mitte des Universums ein riesiges Feuer und begann überall zu brennen. Die übrigen Götter und Göttinnen zitterten vor Angst, und alle hoben ihre Hände, um für Agnidevaputra zu stimmen. Alle außer Valahakedeputra, dem Gott des Wassers.

Valahakedeputra sagte: „Ich kann das Feuer beherrschen." Und er erzeugte sofort eine gewaltige Überschwemmung, um das Feuer zu löschen. Als die Wasserfluten höher und höher stiegen, hoben alle Gottheiten ihre Hände, um für ihn zu stimmen, außer Saradadevi, der Göttin der Kunst und der Weisheit.

Saradadevi sagte: „Liebe Freunde, Feuer und Wasser können die Menschen erschrecken und töten, ich aber erzeuge die Schönheit. Wenn ich zu tanzen beginne, werdet ihr euch entspannen und Feuer und Wasser vollständig vergessen." Dann sang und tanzte Saradadevi, und alle Götter und Göttinnen waren hingerissen. Anstatt mit ihrem Mund Wasser zu trinken, begannen sie Wein in ihre Ohren, Augen und Nasen zu gießen. Von Saradadevis Macht beeindruckt, hoben alle Gottheiten ihre Hände, außer Gandharva, dem Gott der Himmelsmusik.

Ghandarva sagte: „Die Frau kann den Mann überwinden, aber der Mann kann auch die Frau überwinden." Darauf begann er auf seiner Himmelsgitarre zu spielen und zu singen, und alle Gottheiten fielen fast in Ohnmacht, als die Musik in der Halle erklang. Wie betäubt hoben sie alle ihre Hände, außer Santidevaputra, dem Gott des Friedens, der Achtsamkeit und des klaren Verständnisses.

Santidevaputra sagte: „Ich bin der Gott des Friedens. Ich übe stets Achtsamkeit und klares Verständnis. Ob ihr nun für mich stimmt oder nicht, ich regiere mich selbst. Um das Universum zu regieren, müßt ihr zuerst euch selbst regieren. Um euch selbst zu regieren, müßt ihr zuerst euren Geist beherrschen lernen. Um euren Geist zu beherrschen, müßt ihre Achtsamkeit und klares Verständnis üben."

Alle Götter und Göttinnen erkannten Santidevaputras Stärke, und sie wählten ihn einstimmig. Sie verstanden, daß der Frieden die stärkste Macht der Welt ist.

Eine Lehre

Es war einmal ein junger Mönch, der jeden Tag fleißig studierte. Er konnte jedoch nicht alle Schriften und Regeln lernen. Das bekümmerte ihn. Er konnte nicht mehr essen oder schlafen und wurde immer schwächer und dünner.

Schließlich trat er vor den Buddha. „Herr, bitte nimm mein Gewand zurück. Es gibt so viele Lehren, und ich kann sie nicht alle beherrschen. Ich eigne mich nicht zum Mönch."

Der Buddha antwortete: „Sorge dich nicht. Um frei zu sein, mußt du nur eines beherrschen."

„Bitte lehre es mich", bat der Mönch. „Wenn du mir nur eine einzige Lehre aufgibst, will ich sie mit ganzem Herzen erfüllen, und ich bin sicher, daß ich dann Erfolg haben werde."

Also sagte ihm der Buddha: „Beherrsche deinen Geist. Wenn du den Geist beherrschst, wirst du alles wissen."

Wenn wir den Geist beherrschen, sind wir frei von allem Leiden.

Eine andere Lehre braucht es nicht.

Gefühl

Wer ist der Buddha? Der Buddha ist der einzige, der Gefühle kennt – angenehme, unangenehme und neutrale. Angenehme Gefühle erzeugen Begierde und Wollust. Unangenehme Gefühle erzeugen Zorn. Neutrale Gefühle erzeugen Unwissenheit. Wenn der Buddha ein angenehmes Gefühl empfindet, verspürt er tiefes Mitgefühl für alle Lebewesen, die zu wollüstigen Gedanken neigen. Er selbst gibt die Neigung zur Wollust auf durch Achtsamkeit und klares Verständnis für das Entstehen und Vergehen angenehmer Gefühle von Augenblick zu Augenblick, in Augen, Ohren, Nase, Zunge, Körper und Geist. In unangenehmen Gefühlen gibt er die Neigung zum Ärger auf und in neutralen Gefühlen die Neigung zur Verwirrung. Das ist der Buddha, der eine, der die Gefühle kennt.

Gefühle kontrollieren das Universum. Wenn wir unsere Gefühle beobachten und kontrollieren können, können wir das Universum beherrschen.

Die Gegenwart ist die Mutter der Zukunft

Wir mögen vielleicht bemerken, daß die Vase mit Blumen auf dem Tisch sehr schön ist, aber die Blumen sprechen niemals von ihrer Schönheit. Wir hören sie niemals ihren süßen Duft rühmen.

Wenn ein Mensch das *nirvana* verwirklicht hat, ist es dasselbe. Er oder sie braucht dann nichts mehr zu sagen. Wir anderen erspüren die Schönheit dieses Menschen, seine Süße, einfach indem wir in seiner Nähe sind.

Es gibt keinen Grund, sich um die Vergangenheit oder die Zukunft zu sorgen. Das Geheimnis des Glücks liegt darin, ganz da zu sein in dem, was um dich ist, ganz im gegenwärtigen Augenblick zu leben. Du kannst nicht zurückgehen und die Vergangenheit umformen. Sie ist vorbei! Du kannst der Zukunft nicht vorschreiben, wie sie zu sein hat. Es gibt also keinen Grund, sich zu sorgen!

Wer weiß, was passieren wird, wenn ich das nächste Mal mit einem Flugzeug fliege? Vielleicht werde ich sicher ankommen, vielleicht auch nicht. Wenn wir Pläne machen, können wir sie nur im gegenwärtigen Augenblick machen. Er ist der einzige Augenblick, den wir beherrschen können. Wir können diesen Augenblick lieben und ihn sinnvoll nutzen. Vergangenes Leiden kann uns niemals schaden, wenn wir uns wahrhaft um die Gegenwart sorgen.

Sorge dich um die Gegenwart, und die Zukunft wird gut sein. Das Dharma ist immer in der Gegenwart, und die Gegenwart ist die Mutter der Zukunft. Sorge dich um die Mutter, und die Mutter wird für ihr Kind sorgen.

Weisheit und Mitgefühl im Gleichgewicht halten

Weisheit muß immer durch Mitgefühl ausgeglichen werden und Mitgefühl durch Weisheit. Ohne dieses Gleichgewicht können wir keinen Frieden finden. Ich würde gern drei Geschichten erzählen, um dies zu verdeutlichen.

Eines Tages traf ein gewalttätiger Drachenkönig einen Bodhisattva. Der Bodhisattva sagte: „Mein Sohn, töte nicht. Wenn du dies beachtest und dich um alles Leben sorgst, wirst du glücklich sein." Nachdem er diese wenigen Worte gehört hatte, legte der Drache all seine Gewalttätigkeit vollständig ab.

Die Kinder, die am Fuße des Himalaya das Vieh hüteten, hatten sich sehr vor dem Drachen gefürchtet. Aber als der Drache freundlich wurde, verloren sie ihre Furcht und sprangen ihm alsbald auf den Rücken, zogen ihn am Schwanz und stopften Steine und Schmutz in sein Maul. Nach einer Weile konnte der Drache nichts mehr essen und wurde sehr krank.

Als der Drachenkönig den Bodhisattva das nächste Mal traf, rief er: „Du hast mir gesagt, wenn ich die Regeln einhalten würde und mitfühlend wäre, würde ich glücklich sein. Aber jetzt leide ich, und ich bin keineswegs glücklich."

Der Bodhisattva antwortete: „Mein Sohn, wenn du Mitgefühl, Weisheit, Moralität und Tugend besitzt, dann mußt du auch Weisheit und Klugheit besitzen. Wenn die Kinder dich das nächste Mal quälen, dann zeige ihnen dein Feuer. Danach werden sie dich in Ruhe lassen."

Wer litt Schaden, als es dem Drachen an Weisheit fehlte? Sowohl der Drachen als auch die Kinder. Beide litten.

Das Gleichgewicht von Weisheit und Mitgefühl wird der mittlere Weg genannt. Hier ist noch eine Geschichte: Eines Tages fand ein alter Bauer in seinem Reisfeld eine sterbende Kobra. Als er das Leid der Kobra sah, wurde der Bauer von Mitgefühl erfüllt. Er hob die Schlange auf und nahm sie mit nach Hause. Dort gab er ihr warme Milch, wickelte sie in ein weiches Tuch und legte sie liebevoll neben sein Bett, als er schlafen ging. Am nächsten Morgen war der Bauer tot.

Warum wurde er getötet? Weil er nur Mitgefühl und keine Weisheit geübt hatte. Wenn du eine Kobra aufhebst, wird sie dich beißen. Wenn du einen Weg findest, die sterbende Kobra zu retten, ohne sie aufzuheben, dann hast du ein Gleichgewicht von Weisheit und Mitgefühl hergestellt. Dann bist du glücklich und die Kobra ist es auch.

Hier ist die dritte Geschichte: Ein Bauer ging mit einem Freund in den Wald, um Holz zu machen. Als der Bauer mit seiner Axt einen Baum fällte, störte er einen Bienenschwarm, und die wütenden Bienen flogen auf und stachen ihn.

Der Freund des Bauers war erfüllt von Mitgefühl. Er nahm seine Axt und tötete die Bienen mit schnellen, kraftvollen Hieben. Leider tötete er dabei auch den Bauern.

Mitgefühl ohne Weisheit kann großes Leid verursachen. Man könnte sogar sagen: „Es ist besser, einen weisen Feind zu haben als einen törichten Freund."

Weisheit und Mitgefühl sollten Hand in Hand gehen. Das eine ohne das andere zu haben ist wie mit einem Bein zu laufen. Du hüpfst vielleicht ein paarmal, aber wahrscheinlich wirst du bald hinfallen. Wenn du Weisheit und Mitgefühl ins Gleichgewicht bringst, dann wirst du sehr gut gehen können – langsam und elegant, Schritt für Schritt.

Die vier unermeßlichen Willen

Die großen Wesen erhalten ihr Gleichgewicht, indem sie die vier unermeßlichen Willen praktizieren: 1. Liebevolle Güte: das Wohlergehen anderer vor das eigene Wohlergehen stellen, 2. Mitgefühl: anderen dabei helfen, das Leiden zu überwinden, 3. Mitfühlende Freude: sich an den Erfolgen anderer freuen und 4. Gleichmut: unparteiisch allen Lebewesen gegenüber sein. Dies sind die Gaben, die die großen Wesen allen Lebewesen zukommen lassen. Sie vermeiden es, anderen Schaden zuzufügen, indem sie die Beachtung der fünf Regeln üben: nicht zu töten, nicht zu stehlen, keine sexuellen Fehltritte zu begehen, nicht zu lügen und keine Rauschmittel zu sich zu nehmen. Sie üben Enthaltsamkeit, um ihre Tugend zu vervollkommnen. Sie reinigen ihr Verständnis, um nicht mehr länger verwirrt darüber zu sein, was gut und was schlecht ist. Sie bringen unaufhörlich ihre heilsamste Energie auf, denn das Wohlergehen anderer liegt ihnen am Herzen.

Wenn sie durch diese Energie heroische Stärke und Mut gewinnen, haben sie Geduld mit den Unzulänglichkeiten anderer. Sie betrügen nicht. Sie sind unerschütterlich entschlossen, für das Wohlergehen und das Glück der anderen zu arbeiten. In liebevoller Güte stellen sie die anderen vor sich selbst. In ihrem Gleichmut erwarten sie keine Belohnung. Durch Erfüllung der zehn Perfektionen, im Verweilen in den vier unermeßlichen Willen vervollkommnen sie die zehn Kräfte, die vier Arten der Furchtlosigkeit, die sechs Arten des Wissens und die achtzehn Zustände des Buddha. So bringen die großen Wesen alle guten Zustände zu ihrer Vollkommenheit, indem sie mit Freigebigkeit beginnen.

Vollkommenheit

Brüder und Schwestern, die Welt ist unser Haus. Alle Flüchtlinge der Welt sind unsere Schwestern und Brüder, unsere Mütter und Väter. Sie zu lieben und zu respektieren, ihnen zu helfen und zu dienen ist unsere Pflicht und unsere Religion. Wir können allen unseren Brüdern und Schwestern erfolgreich helfen und dienen, wen wir *Paramis* üben: *Dana Parami, Sila Parami, Nekkhamma Parami, Pañña Parami, Viriya Parami, Sacca Parami, Adhitthana Parami, Metta Parami* und *Upekkha Parami.*

Dana Parami bedeutet, freigebig und hilfreich zu sein. Sila Parami bedeutet, die fünf Regeln einzuhalten und tugendhaft zu sein. Nekkhamma Parami bedeutet, nicht selbstsüchtig zu sein und sich am eigenen Selbst festzuhalten, sondern selbstlos und selbst-aufopfernd zu sein. Pañña Parami bedeutet, weise und stark, erfüllt von Energie und standhaft zu sein. *Khanti Parami* bedeutet, geduldig zu sein und wie eine Mutter alles mit Nachsicht ertragen zu können. Mütter ertragen alles mit Nachsicht, den Wohlgeruch ebenso wie die Ausscheidungen. Sacca Parami bedeutet, fähig zu sein, alle gegebenen Versprechen einzuhalten. Adhitthana Parami bedeutet, standhaft und entschlossen zu sein. Metta Parami bedeutet, gütig, mitfühlend und freundlich zu sein. Upekkha Parami bedeutet, bescheiden, ruhig, still, unerschüttert und heiter zu sein. Die Paramis bedeuten, vollkommen im Dienen zu sein und zu dienen, um vollkommen zu sein.

Das Leiden loslassen

Der Buddha sagte: „Ich lehre euch nur zwei Dinge – das Leiden und das Ende des Leidens."

Was ist die Ursache des Leidens? Leiden erwächst aus dem Festhalten. Wenn der Geist sagt „Ich bin", dann ist Leiden da. Wenn der Geist sagt „Ich bin nicht", dann ist auch hier Leiden da. Solange der Geist sich an etwas festhält, leidet er. Wenn der Geist ruhig ist, wird er friedvoll und frei.

Das Festhalten hat 108 Namen. Man kann es Begierde, Zorn, Neid oder Habsucht nennen. Das Festhalten ist wie eine Schlange, die ihre Haut abwirft. Unter der alten engen Haut kommt immer wieder eine neue zum Vorschein.

Wie können wir vom Leiden befreit werden? Wir lassen es einfach los. „Unter Schmerzen erhalten wir es aufrecht, glücklich lassen wir es los." Das Leiden folgt einem ungezähmten Geist so sicher wie der Karren dem Ochsen. Das Erfülltsein vom Frieden folgt einem Menschen, der seinen Geist beherrscht, so sicher wie sein eigener Schatten.

Das Festhalten bringt immer Leid mit sich. Das ist ein Naturgesetz wie das Gesetz des Feuers. Es ist gleichgültig, ob du glaubst, daß das Feuer heiß ist. Wenn du es in deiner Hand hältst, wird es dich verbrennen.

Das Dharma lehrt uns, den Geist zu kennen, zu formen und zu befreien. Wenn der Geist beherrscht wird, wird das Dharma vollständig beherrscht. Was ist der Schlüssel zum Beherrschen des Geistes? Es ist die Achtsamkeit.

Dauert es lange, vom Leiden erlöst zu werden? Nein, Erleuchtung findet immer hier und jetzt statt. Aber dies zu begreifen, kann manches Leben dauern!

Das höchste Verhalten

Ein Mensch – Mann oder Frau –, der sich im Guten geübt hat und den Zustand höchster Ruhe erreichen möchte, sollte aufrichtig, gehorsam, gütig, bescheiden und zufrieden sein. Er sollte wenig Bedürfnisse hegen. Er oder sie sollte die rechte Lebensweise, Beherrschung der Sinne und Besonnenheit üben. Er oder sie sollte nichts Falsches tun, das der Weise tadeln würde. Ganz gleich ob stark oder schwach, groß oder klein, sichtbar oder unsichtbar, nah oder fern, geboren oder noch nicht geboren – mögen alle Lebewesen glücklich und sicher sein. Möge ihr Geist gesund sein!

Niemand sollte einen anderen Menschen betrügen oder verachten, ganz gleich wo. Selbst wenn ein Mensch verärgert oder übelgesinnt ist, sollte er einem anderen keinen Schaden wünschen. Seine Gedanken grenzenloser Liebe sollten die gesamte Welt durchdringen, von oben, von unten und mitten hindurch – ungehemmt, frei von Haß und Feindschaft. Ganz gleich ob er steht, geht, sitzt oder sich hinlegt – solange er wach ist, sollte dieser Mensch Achtsamkeit üben. Frei von Irrtümern, tugendhaft und begabt mit Einsicht wird er die sinnlichen Bindungen aufgeben. Solch ein Mensch wird nicht wieder in die Welt des Leidens zurückkehren. Dies ist das höchste Verhalten.

Der Mittlere Weg

Der Weg zum Frieden wird der mittlere Weg genannt. Er liegt jenseits von aller Dualität und allen Gegensätzen. Manchmal wird er Gleichmut genannt. Gleichmut harmonisiert alle Extreme. Gleichmut ist wie die sorgfältig gestimmte Saite eines Instruments, nicht zu straff und nicht zu lose. Sie vibriert perfekt und erzeugt wohlklingende Töne.

Gleichmut meint die Abwesenheit jedes Kampfes. Einstmals sprang ein großer Elefant in ein Schlammloch, um sich abzukühlen. Natürlich blieb er im Schlamm stecken, und je heftiger er kämpfte, um wieder herauszukommen, desto tiefer sank er ein! Zu kämpfen ist nutzlos. Es verschlimmert die Dinge nur. Kämpfe nicht mit dem Leiden. Finde deinen eigenen Weg. Dies wird Zuflucht-Suchen im Dharma genannt. Das Dharma ist der mittlere Weg.

Bevor der Buddha seine spirituelle Reise antrat, erging er sich in vielen Arten der Sinnenfreude, aber er fand kein bleibendes Glück. Daraufhin fastete er für viele Wochen, bis er blaß und mager wurde, aber er fand darin nur Schmerz. Indem er auf diese Weise übte, lernte der Buddha, daß sowohl der Selbstgenuß als auch die Selbstabtötung Extreme sind, und Extreme können niemals das Glück bringen.

Der Frieden erwächst nur daraus, daß wir aufhören, mit den Gegensätzen zu kämpfen. Der mittlere Weg hat keinen Anfang und kein Ende, also brauchen wir auf ihm nicht weit zu gehen, um Frieden zu finden. Der mittlere Weg führt nicht nur zum Frieden hin, er ist auch der Weg des Friedens. Er ist ein sehr sicherer Weg, der sehr angenehm zu bereisen ist.

Glück und Pech

Die Gegensätze sind endlos. Gut und schlecht, Tag und Nacht, richtig und falsch, mein und dein, loben und tadeln – alles dies sind Gegensätze, und alle sind sie endlos.

Gegensätze produzieren sich wechselseitig. Der Tag wird zur Nacht, der Tod wird zur Wiedergeburt. Das Ei wird zur Henne, und die Henne legt das Ei. In genau dieser Weise bilden Glück und Unglück einen Kreislauf ohne Ende.

Einem Bauern lief eines Tages seine Stute weg. Als sie verschwand, sagten die Leute im Dorf: „So ein Pech!" Aber als die Stute am nächsten Tag wiederkam und hinter ihr her ein prächtiger Hengst, sagten die Leute im Dorf: „Was für ein Glück!" Gestern haben sie noch gedacht „So ein Pech", heute denken sie „Was für ein Glück". Gestern haben sie von einem Verlust gesprochen, heute sprechen sie von einem Gewinn. Was stimmt nun? Gewinn und Verlust sind Gegensätze.

Als der Sohn des Bauern auf dem prächtigen Hengst ritt, fiel er hinunter und brach sich das Bein. Da sagten alle Leute: „So ein Pech!" Es gab Krieg, und alle kräftigen Männer wurden eingezogen. Viele von ihnen kämpften und starben auf dem Schlachtfeld. Weil der Sohn des Bauern sich das Bein gebrochen hatte, konnte er nicht in den Krieg ziehen. War das ein Verlust oder ein Gewinn? Ein Glück oder ein Unglück? Wer weiß es?

Wir müssen die Zeit essen

Was ist das Leben? Zu leben bedeutet, mit allen Sinnen zu essen und zu trinken. Und das Leben bewahrt uns davor, gegessen zu werden. Was ist es, das uns aufißt? Die Zeit! Was ist die Zeit? Die Zeit ist das In-der-Vergangenheit- oder In-der-Zukunft-Leben, bei dem man seine Gefühle immer von neuem nährt. Es gibt nur ganz wenige Menschen auf der Welt, die von sich sagen können, daß sie auch nur für eine einzige Minute geistig gesund waren. Die meisten von uns leiden daran, daß sie sich an angenehme, unangenehme und neutrale Gefühle klammern, oder sie leiden an Hunger und Durst. Die meisten Menschen müssen in jeder Sekunde etwas durch ihre Augen, ihre Ohren, ihre Nase, ihre Zunge, ihre Haut und ihre Nerven in sich aufnehmen. Wir essen vierundzwanzig Stunden am Tag, ohne jemals eine Pause zu machen! Wir sehnen uns nach Nahrung für unseren Körper, für unsere Gefühle, für unser willentliches Handeln und für unsere Wiedergeburt. Wir sind, was wir essen. Wir sind die Welt, und wir essen die Welt auf.

Der Buddha weinte, als er diesen endlosen Kreislauf des Leidens sah: Die Fliege frißt die Blume, der Frosch frißt die Fliege, die Schlange frißt den Frosch, der Vogel frißt die Schlange, der Tiger frißt den Vogel, der Jäger tötet den Tiger, dessen Körper aufschwillt; Fliegen kommen und fressen den Kadaver des Tigers; sie legen Eier in den Kadaver, aus denen noch mehr Fliegen werden, die dann die Blumen fressen und wiederum von Fröschen gefressen werden …

Und so sagte der Buddha: „Ich lehre nur zwei Dinge – das

Leiden und das Ende des Leidens." Leiden, essen und empfinden sind haargenau das gleiche.

Die Empfindungen verzehren alles andere. Sie haben sechs Mäuler – die Augen, die Ohren, die Nase, die Zunge, den Körper und den Geist. Das erste Maul, die Augen, ißt Formen. Das zweite Maul ißt Klänge. Das dritte ißt Gerüche. Das vierte Maul ißt Geschmäcker. Das fünfte Maul ißt körperlichen Kontakt. Und das letzte Maul ißt Ideen. Das heißt empfinden.

Die Zeit selbst ißt auch. In den traditionellen kambodschanischen Geschichten gibt es oft einen Riesen, der viele Münder hat und alles aufißt. Dieser Riese ist die Zeit. Wenn du die Zeit ißt, erlangst du das Nirvana. Du kannst die Zeit essen, indem du im Augenblick lebst. Wenn du einfach nur in diesem Augenblick lebst, kann die Zeit dich nicht essen.

Alles gehorcht dem Gesetz vom Grund. Es gibt dich gar nicht, nur Gründe und Bedingungen. Darum kannst *du* gar nicht hören oder sehen. Hören findet dann statt, wenn der Klang und das Ohr zusammenkommen. Treffen sich die Form und das Auge, dann findet Sehen statt.

Wenn das Auge, die Form und das Bewußtsein sich treffen, dann findet Augenkontakt statt. Augenkontakt bedingt Gefühle. Gefühle bedingen die Wahrnehmung. Die Wahrnehmung bedingt das Denken, und das Denken ist das Ich, das Mein, das Mich – das schmerzhafte Mißverständnis, daß ich sehe, höre, rieche, schmecke, berühre und denke.

Das Empfinden benutzt die Augen, um Formen zu essen. Ist eine Form schön, so geht ein angenehmes Gefühl ins Auge ein. Eine Form, die nicht schön ist, bringt ein unangenehmes Gefühl mit sich. Wenn wir nicht auf eine Form achten, ist unser Gefühl neutral. Mit dem Ohr ist es dasselbe: Ein süßer Klang bringt angenehme Gefühle mit sich, ein rauher Klang unangenehme Gefühle, Nichtbeachtung bringt neutrale Gefühle mit sich.

Wieder magst du vielleicht denken: „Ich sehe, ich höre, ich fühle." Aber es bist nicht du, es ist nur der Kontakt, das

Zusammentreffen von Auge, Form und Augen-Bewußtsein. Es ist nur das Dharma.

Einmal fragte ein Mann den Buddha: „Wer fühlt?" Der Buddha antwortete: „Das ist keine wirkliche Frage." Niemand fühlt. Das Gefühl fühlt. Es gibt kein Ich, kein Mein und kein Mich. Es gibt nur das Dharma.

Alle Arten von Gefühlen bedeuten Leiden, erfüllt mit Vergänglichkeit, erfüllt mit „Ich bin". Wenn wir die Natur der Empfindungen durchdringen können, gelangen wir zum reinen Glück des Nirvana.

Gefühle und Empfindungen bedingen unser Leiden, denn wir nehmen nicht wahr, daß sie nicht dauerhaft sind. Der Buddha fragte: „Wie kann ein Gefühl dauerhaft sein, wenn es doch auf dem Körper beruht, der nicht dauerhaft ist?" Wenn wir unsere Gefühle nicht beherrschen, werden wir von ihnen beherrscht. Wenn wir nur im Augenblick leben, können wir die Dinge einfach so sehen, wie sie sind. Indem wir dies tun, können wir allem Wünschen ein Ende machen, unsere Bindungen lösen und den Frieden wirklich werden lassen.

Damit wir die angenehmen, unangenehmen und neutralen Gefühle verstehen können, müssen wir die vier Grundlagen der Achtsamkeit praktizieren. Achtsamkeit kann angenehme, unangenehme und neutrale Gefühle zu Weisheit verwandeln.

Die Welt wird vom Geist geschaffen. Wenn wir die Gefühle beherrschen können, dann können wir auch den Geist beherrschen. Wenn wir den Geist beherrschen können, können wir die Welt regieren.

In der Meditation entspannen wir unseren Körper, aber wir sitzen dabei gerade aufgerichtet und halten die meisten unserer Gedanken an, indem wir unserem Atem folgen oder uns auf ein anderes Objekt konzentrieren. So hören wir damit auf, von unseren Gefühlen umhergetrieben zu werden. Das Denken erzeugt Gefühle, und Gefühle erzeugen das Denken. Frei vom Festhalten an Gedanken und

Gefühlen zu sein ist Nirvana – die höchste, oberste Form von Glück.

Ohne Leiden zu leben heißt immer, im Augenblick zu leben. Die höchste Form von Glück ist hier und jetzt. Solange wir uns an ihr festklammern, gibt es überhaupt keine Zeit. Brüder und Schwestern, bitte eßt die Zeit!

Der Bodhi-Baum

Der Bodhi-Baum ist der Baum des Lebens. Als der Buddha viele Wochen lang in stiller Kontemplation unter dem Bodhi-Baum saß, gelangte er zur Erkenntnis. Einen Bodhi-Baum kann man überall finden, in Kambodscha, in Indien, ja sogar im eigenen Garten.

Der Bodhi-Baum wird „der große Baum des Lebens" genannt, denn alles, was zu einem dauerhaften Frieden vonnöten ist, kann in seinen Wurzeln, seinem Stamm, seinen Zweigen und seinen Früchten gefunden werden. Der Bodhi-Baum ist ein schönes Symbol für den Buddhismus.

Wir können zuerst die Wurzeln des Bodhi-Baumes erforschen, die als die Wurzeln allen Handelns gelten. Diese Wurzeln sind bekömmlich, und so ist es nur natürlich, daß aus ihnen süße Früchte erwachsen – Freigebigkeit, Weisheit und liebevolle Güte. Die anderen Bäume sind unbekömmlich und erbringen naturgemäß bittere Früchte: Begierde, Haß und Wahn.

Die Wurzeln des Bodhi-Baumes reichen bis in den Stamm hinein, in dem sich fünf Aggregate vereinigen: Form, Gefühl, Wahrnehmung, geistige Formung und Bewußtsein. Dies sind die Bestandteile aller physischen und geistigen Phänomene, die grundlegenden Elemente aller Erfahrungen, die wir machen. Die fünf Aggregate sind alle Sklaven des Gefühls. Sie sind wie Köche, die dem Gefühl zubereiten, was es dann durch das Auge, das Ohr, die Nase, die Zunge, den Körper und den Geist ißt. Wir können über die fünf Aggregate meditieren und sie so zu Objekten unserer Achtsamkeit machen. Achtsam zu leben heißt zu leben, ohne sich an einem dieser Bestandteile festzuhalten.

Der Stamm des Bodhi-Baumes teilt sich in zwölf Äste. Sie bilden die Glieder der großen Kette der wechselseitig voneinander abhängenden Veranlassung von allem. Der Buddha erkannte, daß diese Kette der Grund für den schmerzvollen Kreislauf unseres Lebens und Sterbens ist. Die Äste des Bodhi-Baumes lehren uns, daß alles im Leben aus Ursachen und Bedingungen entsteht. Unwissenheit bedingt willentliches Handeln, das das Bewußtsein bedingt. Dieses wiederum bedingt Geist und Körper, die die sechs Tore der Sinne bedingen: Augen, Ohren, Nase, Zunge, Körper und Geist. Diese bedingen die Verbindung zwischen einem Sinnestor und einem Sinnesobjekt, und dies bedingt die Gefühle. Alle Gefühle, seien sie angenehm, unangenehm oder neutral, bedeuten Leiden, denn Gefühle sind nicht dauerhaft. Wenn wir nicht achtsam sind, führen unsere Gefühle zu Sehnsüchten oder Abneigungen, was wiederum ein Festhalten bewirkt. Dieses wiederum bedingt die karmische Gestaltung des Werdens, das die Wiedergeburt bedingt, und diese bedingt den gesamten Kreislauf von Geburt und Tod von neuem.

Der Bodhi-Baum lehrt uns, wie wir diese endlose Kette des Leidens durchbrechen können. Das Geheimnis ist die Achtsamkeit. Wenn wir die Achtsamkeit dazu benutzen, unsere Gefühle zu beobachten und zu beherrschen, dann kann es nicht zu einem Festhalten kommen. Wenn es nicht zu einem Festhalten kommt, kann es nicht zum Leiden kommen. Es ist wirklich sehr einfach. Wir können Achtsamkeit Schritt für Schritt erlernen, durch unser gesamtes Leben hindurch.

Achtsamkeit des Körpers

Wenn du gehst, dann gehe einfach, Schritt für Schritt. Wenn du atmest, atme tief. Mach keine lauten Geräusche mit deinem Mund. Wenn du sprichst, sprich langsam und deutlich. So praktizieren wir die vier Grundlagen der Achtsamkeit – Achtsamkeit des Körpers, der Gefühle, des Geistes und der Gedanken. Wir müssen jeden Moment aufmerksam sein und besonders den Körper beobachten. Wenn wir unseren Körper beherrschen, dann können wir auch unseren Geist beherrschen. Sie gehören zusammen.

Nirvana

Einmal fragte mich ein weiser unitarischer Geistlicher: „Wo ist das Nirvana? Können die Menschen es auch heute noch erreichen?" Ich antwortete ihm: „Das Nirvana ist hier und jetzt."

Das Nirvana ist überall. Es existiert nicht nur an einem bestimmten Ort. Es ist im Geist. Es kann nur im gegenwärtigen Augenblick gefunden werden.

Nirvana bedeutet die Abwesenheit des Leidens. Es ist völlig frei von irgendeiner Vorstellung, irgendeinem Begriff. Nichts kann das Nirvana umgreifen. Es liegt jenseits von Ursache und Wirkung. Nirvana ist das höchste Glück. Es ist absoluter Frieden. Der Frieden in der Welt hängt von bestimmten Bedingungen ab, der Frieden des Nirvana jedoch ist unveränderlich.

Nirvana bedeutet die Abwesenheit des Karma, der Früchte unseres Handelns. Das Karma kann uns durch viele Leben hindurch folgen. Wenn wir sterben, wird das Karma zu einer Flamme, die von einer Kerze auf eine andere überspringt. Im Zustand des Nirvana gibt es kein Festhalten, keine Erwartung und kein Wünschen. Jeder Augenblick ist ganz neu, frisch und unschuldig. Alles Karma ist ausgelöscht, genauso wie wir den Inhalt eines Tonbandes löschen können.

Das Leiden weist uns den Weg zum Nirvana. Wenn wir das Leiden wirklich verstehen, werden wir frei.

Absoluter Frieden

Nirvana, das „Verwehen allen Verlangens", um selige Allwissenheit zu erlangen, besitzt verschiedene Ebenen. Es ist ein zutiefst erfüllter Bewußtseinszustand. Es liegt jenseits aller Formen und Konzepte, aller Bilder, allen Fühlens und aller Empfindungen. Es beinhaltet eine Dimension der Absolutheit und ein ethisches Verständnis.

Nirvana bedeutet absoluten Frieden. Es ist reines Glück. Der Frieden des Nirvana, seine Segnung und die Seligkeit seines Bewußtseins sind grenzenlos. Nirvana ist nicht der gewöhnliche Frieden, den wir in unserem alltäglichen Leben erfahren. Es ist völlig unbegrenzt und vollkommen gegenwärtig, es ist nicht im Werden, und es ist nicht unbeständig.

Nirvana ist die eine wahrhafte geistige Gesundheit, in der man die Wirklichkeit sieht wie sie ist, ohne Zeit, Raum und ohne Werden. Man hat das vollständige Bild.

Nirvana heißt frei von Leidenschaft zu sein, frei von egoistischen Trieben. Im Nirvana überschreitet man das Bedürfnis, etwas oder jemand sein zu müssen, man ist jenseits des Getriebenseins von Wünschen, die uns fesseln, versklaven und uns im Samsara gefangenhalten, dem Kreislauf von Geburt, Tod und Wiedergeburt. Diese spezielle Bedeutung des Nirvana deutet einen Weg aus allen Problemen des Lebens an – dem Leiden, der Furcht oder *dukkha* – im Hinausschreiten über die Bedürfnisse, Leidenschaften oder den egoistischen Impuls, ein abgegrenztes „Selbst" sein zu müssen.

Auf der psychologischen Ebene bedeutet Nirvana das Ende jeglicher Besitzansprüche, wie sie sich in Äußerungen wie „Das gehört mir; das bin ich; ich bin dies oder jenes" ausdrücken. Aus psychologischer Sicht bedeutet Nirvana das Absterben der Individualität, nicht jedoch des Bewußtseins.

In seiner ethischen Bedeutung schließlich, seinem moralischen Gehalt, bezieht Nirvana sich auf die innere Verwandlung, die stattfindet, wenn jemand frei von allem Wünschen ist. Es ist die Auslöschung der quälenden, negativen Gefühle des Zornes, des Hasses, der Gewalt, der Begierde und des Wahns. Nirvana ist die letztendliche Bestimmung der Menschheit für jeden von uns, der Zustand eines transzendenten Bewußtseins, an dem alle teilhaben, des absoluten Daseins unendlicher Seligkeit des *sunyata* oder die Gleichzeitigkeit von Leere und Fülle. Nirvana ist in buddhistischer Tradition das Ziel und unsere ursprüngliche Natur. Nur wenn wir das Bewußtsein des Nirvana wahrhaft erreicht haben, können wir Mitgefühl allen Lebewesen gegenüber erlernen und praktizieren.

Kranker Körper, gesunder Geist

Es liegt in der Natur des menschlichen Körpers, alt und hinfällig zu werden. Aber selbst wenn der Körper immer schwächer wird oder von einem Widersacher verletzt wird, kann der Geist klar bleiben. Selbst mitten im Schmerz kann der Geist von Frieden erfüllt sein.

Der Körper ist ein Beförderungsmittel wie ein Auto, ein Flugzeug oder ein Fahrrad. Wir benutzen den Körper, aber wir müssen ihm nicht unbedingt gestatten, uns zu benutzen. Wenn wir unseren Geist beherrschen können, kann dieser selbst dann noch frei und klar bleiben, wenn wir mit körperlichem Leiden konfrontiert sind.

Der Buddha hat gesagt: „Gebt auf eure Gesundheit acht. Sie ist die Grundlage allen Fortkommens." Wenn wir Kambodschaner körperlichen Schmerz empfinden, sagen wir gerne: „Der Körper mag vielleicht krank sein, aber dem Geist geht es sehr gut!"

Dharmayana

Das Dharma ist gut am Beginn, gut in der Mitte und gut am Ende. Das Gute im Beginn ist das Gute der moralischen Regeln: nicht zu töten, nicht zu stehlen, keinen Ehebruch zu begehen, nicht zu lügen und keine Rauschmittel zu sich zu nehmen. Das Gute in der Mitte ist die Konzentration. Das Gute am Ende sind Weisheit und Nirvana.

Das Dharma ist hier und jetzt sichtbar. Es ist immer gegenwärtig, allgegenwärtig. Das Dharma ist zeitlos. Es bietet sofort Ergebnisse.

Der Buddhismus kennt drei *yanas* oder Beförderungsmittel, und keines von ihnen steht höher oder wiegt mehr als das andere. Alle drei befördern dasselbe Dharma. Aber es gibt ein viertes Beförderungsmittel, das noch vollständiger ist. Ich nenne es *Dharmayana*, das Universum selbst, und es umgreift jeden Weg, der zum Frieden und zu liebevoller Güte führt. Wegen seiner Vollständigkeit kann das Dharmayana niemals sektiererisch wirken. Es kann uns niemals von unseren Brüdern und Schwestern trennen.

Komm und probiere es für dich selbst aus. Das Dharmayana wird dich hier und jetzt ins Nirvana befördern. Es ist für jeden zu verstehen und zu begreifen, Schritt für Schritt, Augenblick für Augenblick. Dharmayana ist die Art von Buddhismus, die ich liebe.

Achtsamkeit und klares Verständnis

Achtsamkeit schützt uns. Wenn der Geist ruhig und klar wird, kann er nicht länger von Unkenntnis oder Sehnsüchten getrieben werden. Die Achtsamkeit ist es, die den Triumphwagen des Dharma antreibt.

Das „Einsammeln" ist charakteristisch für die Achtsamkeit. Wir sammeln alles ein, was wir beobachten. Das „Ausschneiden" ist charakteristisch für klares Verständnis. Wir geben alles außer dem klar umrissenen Objekt unserer Konzentration auf. Die Achtsamkeit sammelt die Hindernisse für den Geist ein, und das klare Verständnis schneidet dann die Hindernisse aus.

Achtsamkeit und klares Verständnis bilden das Herz der buddhistischen Meditation. Der Frieden wird verwirklicht, wenn wir in jedem unserer Schritte achtsam sind. Durch Achtsamkeit können wir uns selbst schützen und darüber hinaus die ganze Welt.

Der Buddha bot seine letzten Worte zu unserem Schutz an: „Seid achtsam", sagte er seinen Schülern, in genau derselben Weise, in der wir oft diejenigen, die wir lieben, bitten, „auf sich aufzupassen".

Meditationen über Mitgefühl

Frieden machen

Nicht-Handeln ist die Quelle allen Handelns. Ohne Frieden in unserem Geist zu haben, können wir nur wenig für den Frieden in der Welt tun. Und darum fangen wir mit der Stille an, wenn wir Frieden machen wollen: mit Meditation und Gebet.

Frieden zu machen erfordert Mitgefühl. Es erfordert, daß man zuhören kann. Um zuzuhören, müssen wir uns selbst aufgeben, sogar unsere eigenen Worte. Wir hören so lange zu, bis wir unsere friedliche innere Natur hören können. Indem wir lernen, auf uns selbst zu hören, lernen wir auch auf andere zu hören, und neue Ideen wachsen. Da sind Offenheit und Harmonie. Indem wir dahin gelangen, einander zu vertrauen, entdecken wir neue Möglichkeiten, um Konflikte zu lösen. Wenn wir gut hinhören, werden wir den Frieden wachsen hören.

Frieden zu machen erfordert Achtsamkeit. Es gibt keinen Frieden, wo Eifersucht, Selbstgerechtigkeit oder sinnlose Kritik walten. Wir müssen entscheiden, daß es wichtiger ist, Frieden zu schließen als Krieg zu führen.

Frieden zu machen erfordert Selbstlosigkeit. Frieden ist dort, wo die Selbstlosigkeit Wurzeln schlägt. Um Frieden zu machen, ist das Vermögen, mit anderen zusammenzuarbeiten und gemeinsam etwas zu bewirken, von essentieller Bedeutung. Solange wir uns für die einzigen halten, die wissen, was zu tun ist, können wir nur wenig für den Frieden tun. Ein wahrhafter Friedensstifter wird nur den Frieden anstreben, nicht aber Ruhm, Pracht oder auch nur Ehre. Nach

Ruhm, Pracht oder Ehre zu streben, wird unseren Bemühungen nur schaden.

Frieden zu machen erfordert Weisheit. Der Weg zum Frieden wird bewußt gewählt. Er ist nicht eine ziellose Wanderung, sondern eine Reise, die in kleinen Schritten vollzogen wird.

Frieden zu machen ist der mittlere Weg des Gleichmutes, der Nicht-Zweiheit und des Nicht-Verhaftet-Seins. Frieden zu machen bedeutet das vollkommene Gleichgewicht von Weisheit und Mitgefühl und die perfekte Entsprechung von humanitären Bedürfnissen und politischer Realität. Es bedeutet, Mitgefühl zu haben, ohne Zugeständnisse zu machen und Frieden zu schließen, ohne beschwichtigend zu sein.

Liebevolle Güte ist der einzige Weg zum Frieden.

Denke nach, bevor du sprichst

Der Gedanke manifestiert sich im Wort.
Das Wort manifestiert sich in der Tat.
Die Tat entwickelt sich zur Gewohnheit.
Die Gewohnheit verhärtet sich zum Charakter.
Der Charakter gebiert das Schicksal.
Darum achte sorgfältig auf deine Gedanken
und laß sie aus Liebe entstehen,
aus der Achtung aller Lebewesen.

Großes Mitgefühl

Wenn ich gut zu jemandem bin, dann wird er oder sie die Güte erlernen und daraufhin auch gut zu anderen sein. Wenn ich nicht gut zu jemandem bin, dann wird er oder sie Haß und Ärger in sich nähren und dies auch an andere weitergeben. Wenn die Welt nicht gut ist, dann muß ich meine Bemühungen verstärken, selbst gut zu sein.

Sich um andere zu kümmern ist dasselbe wie sich um sich selbst zu kümmern. Wenn ich andere respektiere und ihnen diene, diene ich allen Buddhas überall auf der Welt. Dies wird großes Mitgefühl genannt. Mitgefühl ist ein glücklicher Zustand des Geistes.

Wenn wir uns selbst durch Achtsamkeit schützen, dann schützen wir auch andere. Wenn wir andere Lebewesen durch mitfühlendes Handeln schützen, schützen wir auch uns selbst.

Liebevolle Güte kennt keine Grenzen

Es gibt nichts Wunderbareres als den Frieden. Wenn wir eine stabile Körperhaltung einnehmen und unseren Geist beruhigen, können wir den Frieden in uns selbst verwirklichen. Dann können wir liebevolle Güte ausstrahlen und an die Menschen weitergeben, die um uns sind – an unsere Familie, unsere Gemeinschaft, unsere Nation und an die gesamte Welt.

Wir können uns beim Meditieren z. B. immer wieder sagen: „Möge ich glücklich sein. Möge ich friedvoll sein. Möge ich frei von Ärger sein. Möge ich frei vom Leiden sein."

Warum ist es notwendig, daß wir zuerst uns selbst lieben? Weil der Frieden beim Individuum beginnt. Nur indem wir zunächst uns selbst lieben, können wir unsere Liebe auf andere ausdehnen. Die Nächstenliebe beginnt zu Hause. Indem wir uns selbst beschützen, beschützen wir die ganze Welt. Indem wir uns selbst lieben, lieben wir die ganze Welt. Wenn wir sagen, „Möge ich glücklich sein", dann sprechen wir für jeden Menschen. Die ganze Welt ist eins. Das Leben ist eins. Wir besitzen alle dieselbe Buddha-Natur.

Liebevolle Güte ist eine sehr machtvolle Energie. Sie strahlt unterschiedslos auf alle Lebewesen aus. Sie geht über auf die Menschen, die wir lieben, auf diejenigen, die uns gleichgültig sind und auf unsere Feinde. Liebevolle Güte kennt keine Grenzen. Das Dharma ist auf liebevolle Güte gegründet. Der Buddha blickte voller Mitgefühl auf die gesamte Welt. Und so wird unser Gebet um persönliches Glück ganz natürlich zu einem Gebet für alle Menschen:

„Möge die gesamte Welt glücklich und frei vom Leiden sein."

Die buddhistischen Schriften beschreiben den Nutzen der Meditation für liebevolle Güte. In ihnen steht, daß diejenigen, die liebevolle Güte praktizieren, gut schlafen. Sie haben keine schlechten Träume. Sie wachen glücklich auf. Sie können ihren Geist schnell auf eine Sache konzentrieren. Ihr Geist ist klar und ruhig. Sie kennen keine Nervosität. Kein Feuer, kein Gift und keine Waffe kann ihnen Schaden zufügen. Sie können alle Probleme der Welt lösen. Sie werden von allen fühlenden Lebewesen geliebt. Ihre Gesichtszüge werden klar. Sie werden das Nirvana erlangen. Insgesamt sind es 52 Vorzüge, die sich von der Meditation für liebevolle Güte herleiten.

Wenn wir alle Lebewesen lieben, erlangen wir den Segen der Furchtlosigkeit. Unsere Sprechweise und alle unsere körperlichen und geistigen Handlungen werden klar, und wir werden frei.

Das größte Glück liegt im Leben ohne Egoismus. Es ist eine der Früchte liebevoller Güte. Eine andere Frucht ist die Zufriedenheit mit dem Leben, wie es ist. Das Leben erscheint oft als eine Last, aber wenn wir zu kämpfen aufhören, wird es leicht. Augenblick für Augenblick, Schritt für Schritt können wir das Leben als etwas Leichtes und Angenehmes erfahren. Es gibt keinen Grund zur Eile!

Wenn wir liebevolle Güte praktizieren, sind wir wie ein Fisch in klarem Wasser: Die Lasten der Welt können uns niemals überschwemmen. Wir treiben den Strom der Zeit hinunter, leicht, von Augenblick zu Augenblick. In unseren Augen, unseren Ohren, unserer Nase, Zunge und in unserem Körper und Geist herrscht vollkommener Frieden, denn wir beherrschen alle unsere Sinne. Wir besitzen ein klares Verständnis über den Zweck des Lebens und darüber, wie man glücklich leben kann. Wir haben auch ein klares Verständnis darüber, was das Objekt unserer Konzentration ist und was Ich, Mein und Mich sind. Der Buddha hat gesagt:

„Es gibt kein Ich, Mein oder Mich", und das wird deutlich, wenn wir liebevolle Güte in die Praxis umsetzen.

Typischerweise sind wir in egoistischer Weise um unsere Familie besorgt, um unser Geld, unseren Namen und unseren Ruhm, ebenso um das Dharma. Wenn wir jedoch liebevolle Güte praktizieren, werden wir freigebig. Wir geben Nahrung, Geld, Schutz und das Dharma freizügig an alle anderen Menschen weiter.

Liebevolle Güte bedeutet auch Freundlichkeit. Mit Hilfe liebevoller Güte wird alle Feindschaft verwandelt. Unsere Feinde werden uns nicht länger hassen, vielleicht werden sie uns sogar unsere liebevolle Güte zurückgeben als Freunde.

Ja, meine Freunde, das ist liebevolle Güte.

Ärger

Wenn der Ärger uns beherrscht, schaden wir uns und den Menschen um uns herum. Ärger verbrennt den Geist und den Körper. Unser Gesicht rötet sich, unser Herz wird geschwächt, und unsere Hände zittern.

Unsere erste Pflicht ist es, uns zu beschützen, also sagen wir: „Möge ich frei davon sein, mir selbst zu schaden, möge ich frei von Ärger sein." Wenn wir den Ärger genauer untersuchen, bemerken wir, daß er keine eigentliche Substanz besitzt. Er ist immer durch etwas anderes bedingt. Es gibt kein „Ich", das sich ärgern kann. Es gibt nur das Dharma.

Wenn wir uns ärgern, verzerrt sich unser Gesicht. Ärger ist wie Feuer, und er verbrennt Hunderte von Zellen in unserem Gehirn und in unserem Blut.

Wenn wir liebevolle Güte in uns tragen, beginnt unser Gesicht zu leuchten. Es strahlt etwas aus, es ist schön. Liebevolle Güte ist wie Wasser. Wenn wir kochendes Wasser eine Weile stehenlassen, wird es ganz von allein wieder kühl. Manchmal mögen wir kochen vor Ärger, aber wir können uns voller Gnade wieder abkühlen, indem wir an die liebevolle Güte denken, das Gegenteil des Ärgers. Das Wesen des Wassers ist es zu reinigen. Wenn wir uns ärgern, wird unser Geist beschmutzt. Durch das Wasser der liebevollen Güte können wir unseren Geist reinigen. Liebevolle Güte fließt wie das Wasser überallhin.

„Bodhi" bedeutet aufzuwachen, die Dinge so zu sehen, wie sie sind. Wenn wir uns über unseren Ärger klarwerden, verliert er all seine Macht. Dann kann aus dem Ärger das Gegenteil erwachsen – Mitgefühl, das mitfühlende Herz des Buddha.

Universelle Liebe

Viele religiöse Führer predigen, daß ihr Weg der einzige Weg zur Erlösung sei. Ich höre ihnen lächelnd zu, aber ich bin nicht ihrer Meinung.

Vor 2500 Jahren sagte der Buddha zu seinem Schüler Kalama:

Akzeptiere nichts einfach nur deshalb, weil dein Lehrer es gesagt hat
oder weil es in deinem heiligen Buch geschrieben steht
oder weil viele Menschen daran glauben
oder weil es von deinen Vorfahren an dich weitergegeben wurde.
Akzeptiere nur das, was dich befähigt, der Wahrheit ins Auge zu sehen, und lebe entsprechend.

In unserem Tempel in Providence lebt ein guter Freund, der „Bodhisattva" genannt wird und den Mönchen Englisch beibringt. Bodhisattva ist ein weiser und geduldiger Lehrer, aber er steht auch immer von neuem vor einer großen Herausforderung: Er stottert, wenn er spricht.

Eines Tages hielt Bodhisattva eine Unterrichtsstunde. „H-h-haus", sagte er. Und alle Mönche wiederholten getreulich „H-h-haus!" Bodhisattva war bestürzt. „N-n-nein!", sagte er. Und alle Mönche sagten einstimmig „N-n-nein!"

Bodhisattva zeigte den Mönchen den Weg zur Erleuchtung. Die Wahrheit ist nicht einfach das, was wir hören. Wir können sie nicht einfach von Lehrern, aus Büchern oder durch Dogmen erfahren. Der Buddha lehrt uns, die Wahrheit am Prüfstein unserer Erfahrung zu erproben. Die Wahrheit kann nur durch unsere eigene achtsame Erfahrung erkannt werden.

Keine Religion steht höher als die Wahrheit. Unser Ziel als Menschen besteht darin, wahrzunehmen, daß wir alle in universeller Weise Brüder und Schwestern sind. Ich bete darum, daß sich diese Erkenntnis in unserer unruhigen Welt immer weiter ausbreiten möge. Ich bete darum, daß wir lernen mögen, einander in der Suche nach Frieden zu unterstützen.

Geben

Jesus hat gesagt: „Was ihr für einen meiner Brüder tut, das habt ihr auch für mich getan."

Große Wesen erhalten ihr geistiges Gleichgewicht aufrecht, indem sie das Wohlergehen anderer ihrem eigenen Wohlergehen voranstellen. Sie bemühen sich, das Leid anderer zu mindern, freuen sich am Erfolg anderer und behandeln alle Lebewesen gleich.

Große Wesen empfinden Freude am Geben. Weil sie anderen nicht schaden möchten, beachten sie die fünf Regeln. Sie üben Enthaltsamkeit, um ihre Tugend zu vervollkommnen. Sie meditieren, um klar erkennen zu können, was für die Lebewesen gut ist und was nicht.

Große Wesen bringen immer wieder neue Energie auf, indem sie sich um das Wohlergehen anderer bemühen. Wenn sie durch diese Anstrengung großen Mut erlangen, haben sie Geduld mit den Fehlern anderer. Sie betrügen nicht. Sie sind unerschütterlich dem Wohlergehen und dem Glück anderer verpflichtet. Erfüllt von liebevoller Güte, stellen sie das Wohlergehen anderer über das eigene Wohlergehen. Erfüllt von Gleichmut, erwarten sie dafür keine Belohnung. Auf diese Weise vervollkommnen sie alle guten Zustände, indem sie mit dem Geben beginnen.

Wir selbst sind unser Tempel

Viele Buddhisten leiden – in Tibet, in Kambodscha, in Laos, Burma und Vietnam und an anderen Orten der Welt. Die Befreiung des menschlichen Geistes in jedem Volk der menschlichen Familie zu nähren ist das Wichtigste, was wir Buddhisten tun können. Wir müssen die Quelle unseres religiösen Erbes nutzen.

Was kann der Buddhismus dazu beitragen, die Wunden der Welt zu heilen? Was hat uns der Buddha gelehrt, das wir nutzen können, um die Situation der Menschen zu erleichtern und zu verbessern? Eine der mutigsten Handlungen des Buddha war es, ein Schlachtfeld zu betreten, um einen Kampf zu beenden. Er blieb nicht in seinem Tempel sitzen und wartete darauf, daß die Kämpfenden zu ihm kommen würden. Er begab sich mitten aufs Schlachtfeld, um den Konflikt zu beenden. Im Westen wird so etwas „Konfliktlösung" genannt.

Wie können wir einen Konflikt lösen, ein Gefecht, einen Machtkampf beenden? Was bedeutet Versöhnung wirklich? Gandhi hat gesagt, daß das Wesen der Gewaltlosigkeit darin besteht, daß sie dem Widerstreit ein Ende zu setzen versucht, nicht den Widerstreitenden. Dies ist wichtig. Wir respektieren unseren Gegner. Wir vertrauen unausgesprochen darauf, daß seine Böswilligkeit durch Unwissen verursacht ist. Indem wir gegenseitig an das Beste im anderen appellieren, erreichen wir beide den angenehmen Zustand des Friedens. Beide werden wir zu Friedensstiftern. Gandhi nannte dies einen „bilateralen Sieg".

Wir Buddhisten müssen den Mut aufbringen, unsere eigenen Tempel zu verlassen und uns in die Tempel der menschlichen Erfahrung zu begeben, Tempel, die erfüllt sind von Leiden. Wenn wir auf den Buddha, auf Christus oder auf Gandhi hören, bleibt uns gar nichts anderes zu tun. Dann werden die Flüchtlingslager, die Gefängnisse, die Ghettos und Schlachtfelder unsere Tempel sein. Es gibt so viel zu tun.

Diese Verwandlung wird langsam vonstatten gehen, denn viele Menschen in ganz Asien haben gelernt, auf das traditionelle Mönchtum zu vertrauen. „Ehrwürdiger, Mönche gehören in den Tempel", sagen in Kambodscha viele Menschen zu mir. Es ist schwierig für sie, sich an unsere neue Rolle zu gewöhnen, aber wir Mönche müssen auf die immer lauter werdenden Schreie des Leidens reagieren. Wir müssen einfach nur daran denken, daß unser Tempel immer bei uns ist. Wir selbst sind unser Tempel.

Der Frieden wächst langsam

Es gibt kein Selbst. Es gibt nur Gründe und Bedingungen. Darum ist es nutzlos, gegen uns selbst und andere zu kämpfen. Die Weisen unter uns wissen, daß die letzlichen Ursachen und Bedingungen aller Konflikte in unserem Geist liegen.

Ein Sieg erzeugt Haß. Eine Niederlage erzeugt Leiden. Die Weisen unter uns wünschen weder den Sieg noch die Niederlage.

Wir können dem Egoismus mit der Waffe der Freigebigkeit begegnen, dem Unwissen mit der Waffe der Weisheit, dem Haß mit der Waffe der liebevollen Güte.

Der Buddha hat gesagt: „Wenn uns unrecht getan wird, müssen wir all unseren Ärger beiseite lassen und uns sagen: ‚Mein Geist wird nicht gestört werden. Kein Wort des Ärgers wird über meine Lippen kommen. Ich werde weiterhin gütig und freundlich sein, ich werde keinen versteckten Groll hegen, sondern Gedanken der Liebe.'" Der Frieden beginnt im Geist. Ja, wir erweisen selbst unserem Unterdrücker liebevolle Güte.

Nach einer langen Zeit tiefer Dunkelheit sehen wir in Kambodscha den Frieden heraufdämmern. Wir sind dankbar für das Mitgefühl und das Licht des Buddha, für seine Verwirklichung des Friedens, der Einheit und der Weisheit. Wir beten darum, daß diese Einheit, die das Herz der Versöhnung bildet, der mittlere Weg, bei jedem Treffen und bei jedem Gespräch derer anwesend sein möge, die die Geschicke Kambodschas leiten.

Wir streben danach, Friedfertigkeit zu erlernen und zu

lehren. Wenn wir das Dharma leben, entwickeln wir den Frieden in uns und die äußeren Fertigkeiten, die notwendig sind, um den Frieden wirklich werden zu lassen. Gemeinsam mit den Friedensstiftern aller Glaubensrichtungen ist der Frieden der einzige Sieg, den wir akzeptieren können. Wir brauchen keine persönliche Ehre, keinen Titel und auch keinen Ruhm.

Die liebevolle Güte lebt in jedem Herzen. Man muß nur genau hinhören. In Kambodscha wächst der Frieden, langsam, Schritt für Schritt.

Selbstbestimmung

Das Leiden Kambodschas ist ein Spiegel des Leidens in der ganzen Welt. Der Buddha sagt uns, daß die Erleuchtung mit der Erkenntnis beginnt, daß zu leben zu leiden heißt.

Vielen Menschen mag dies negativ oder pessimistisch vorkommen, aber das ist es nicht. Es ist nur die Feststellung dessen, was uns allen gemeinsam ist, ohne daß man dies bedauern oder sich daran festhalten sollte.

Mahatma Gandhi hat gesagt, daß unser Leiden ein Weg zur Selbst-Reinigung ist. Er sagte: „Wenn der *satyagraha* das *ahimsa* praktiziert und freiwillig leidet, so entwickelt sich daraus eine ungeheure Liebe. Sie ergreift und erhöht jeden in ihrer Umgebung, auch den Gegner." Gandhi nannte dies „das Gesetz des Leidens". Auch der Buddha lehrte, daß das Leiden uns das Mitgefühl lehrt. Immer wenn ich an das Leiden des kambodschanischen Volkes denke, bin ich erfüllt von Mitgefühl.

Der Buddha hat gesagt: „Ihr müßt unaufhörlich an eurer eigenen Erlösung arbeiten." Was bedeutet das? Jeder von uns ist verantwortlich für seine eigene Erlösung. Das ist Selbstbestimmung in ihrer reinsten, wesentlichsten Form. Jedes Verständnis von Befreiung, sei es die persönliche oder die eines ganzen Volkes, muß an diesem Punkt beginnen.

Der Gedanke der persönlichen Erlösung ist in vielen verschiedenen Religionen und philosophischen Schulen erörtert worden. Persönliche Erlösung bedeutet nicht eine Erlösung, die den Rest der Menschheit ausschließt. Wenn wir dem achtfachen Pfad folgen, dem Weg zum Ende des Leidens, dann entfaltet sich ganz natürlich unsere wachsende Einheit mit dem universellen Geist, und unsere Liebe gelangt dahin, daß sie alle Lebewesen umgreift. Die persönliche Erlösung ist nichts als die Erlösung der Menschheit im Mikrokosmos.

Wenn wir über die zehn Perfektionen meditieren, werden wir immer selbstloser, und wir können gar nicht anders als diejenigen, die um uns sind, zu inspirieren. Gandhi hat gesagt: „Der satyagraha erstrebt Selbstverwirklichung durch den Dienst an anderen." Der Dalai Lama sagte kürzlich zu mir: „Um die Wurzel allen Leidens zu vertilgen, müssen wir Zuflucht bei den drei kostbaren Edelsteinen suchen – dem Buddha, dem Dharma und der Sangha. Wir müssen Selbstlosigkeit und einen starken Willen entwickeln." Er sagte, daß er fest daran glaubt, daß dies der gesamten Menschheit zu dauerhaftem Glück und Frieden verhelfen wird.

Der Schlüssel zum Dienst am anderen und einer Ethik, die sich an den Bedürfnissen des anderen orientiert, ist liebevolle Güte. Liebevolle Güte unterscheidet sich nicht von Ahimsa, dem Streben danach, keinen Schaden zuzufügen. Sie beinhaltet das Wohlergehen aller. Nach den Worten des Buddha können wir selbst dann, wenn unser Körper zerstückelt ist, unseren guten Willen auf alle Lebewesen ausstrahlen und dabei Geduld üben mit denen, die das Leid verursacht haben und ihnen keinen Schaden zufügen, nicht einmal in Gedanken. Haß wird niemals durch Haß beschwichtigt. Haß läßt sich nur durch Liebe beschwichtigen.

Wer ist der Feind?

Im Jahre 1981 beriefen die Vereinten Nationen eine Konferenz ein, auf der über die Zukunft Kambodschas beraten werden sollte. Wir führten während dieser Konferenz eine buddhistische Friedenszeremonie aus. Am Ende der Zeremonie näherte sich einer der Führer der Roten Khmer mir behutsam und fragte, ob ich nach Thailand kommen würde, um an der Grenze zu Kambodscha einen Tempel zu bauen. Ich sagte, daß ich das tun würde.

„Oho", dachten viele Leute, „er redet mit dem Feind. Er hilft ihm! Wie kann er das nur tun!" Ich erinnerte sie daran, daß die Liebe alle Lebewesen umfaßt, ganz gleich, ob sie von edler oder von niederer Geistesart, gut oder böse sind.

Aber die Edlen und Guten werden von der liebevollen Güte gleichsam umarmt, weil sie ihnen spontan zufließt. Diejenigen, deren Geist unvollständig ist, müssen einbezogen werden, denn sie sind diejenigen, die der liebevollen Güte am meisten bedürfen. In vielen von ihnen ist der Keim des Gut-Seins vielleicht abgestorben, weil die Wärme fehlte, die ihn zum Wachsen gebracht hätte. Er verkümmerte durch die Kälte einer Welt ohne Mitgefühl.

Gandhi sagte, daß er immer bereit war, Kompromisse zu schließen. Er sagte: „Hinter meinem Nicht-Kooperieren stand immer der tiefste Wunsch, zusammenarbeiten, selbst unter dem geringsten Vorwand, selbst mit dem schlimmsten Widersacher. Für mich bedarf selbst der unvollkommenste Sterbliche ständig der Güte Gottes, des Dharma. Es gibt niemanden, der nicht erlöst werden könnte."

Ich stelle nicht in Frage, daß seine Feinde zu lieben – für

Kambodschaner, die Roten Khmer zu lieben – vielleicht das Schwerste von allem ist. Aber es ist ein Gesetz des Universums, daß Vergeltung, Haß und Rache den Kreislauf nur fortsetzen und niemals beenden können. Versöhnung bedeutet nicht, daß wir uns bedingungslos ergeben und auf unsere Rechte verzichten, sondern eher, daß wir bei allen unseren Verhandlungen Liebe walten lassen. Das bedeutet, daß wir uns selbst in unserem Feind erkennen – denn was ist schon unser Feind anderes als ein unwissendes Lebewesen, und wir selbst sind ebenfalls in vielem unwissend. Darum können liebevolle Güte und rechte Achtsamkeit uns befreien.

Gandhi hat gesagt: „Je mehr Ahimsa du in deinem Leben entwickelst, desto ansteckender wird es, bis daß es schließlich deine gesamte Umgebung überwältigt und nach und nach vielleicht die ganze Welt!" Jeder von uns ist verantwortlich für seine Erlösung und sein Glück. Indem wir anderen dienen, finden wir einen Weg zur Erlösung. Dieser Dienst besteht allein in unserer Liebe zu allen Lebewesen und der Erhöhung unserer Unwissenheit ins Licht.

Die menschliche Familie

Sein ganzes Leben hindurch hat der Buddha sich für den Frieden und die Menschenrechte eingesetzt. Wir können viel von ihm lernen.

Die Menschenrechte beginnen damit, daß jeder Mann zu einem Bruder und jede Frau zu einer Schwester wird, da wo wir uns aufrichtig umeinander kümmern. Dann werden Kambodschaner Juden helfen und Juden Afrikanern, und Afrikaner werden wieder anderen helfen. Wir alle werden uns in den Dienst der Rechte des anderen stellen.

Das gilt selbst für mein kleines Land. Man wird Kambodscha solange seine Rechte absprechen, wie es sich nicht um das Recht Vietnams, in Freiheit zu existieren, und das Recht Thailands und sogar das Recht Chinas bekümmert.

Wenn wir akzeptieren, daß wir alle Teil der großen menschlichen Familie sind, daß jeder Mann und jede Frau das Wesen Buddhas, Allahs und Christi in sich trägt, dann können wir uns zusammensetzen, miteinander reden, Frieden schließen und die Menschheit zu ihrer vollen Blüte bringen.

Ich bete darum, daß jeder von uns in seinem Leben den Frieden verwirklichen und andere Lebewesen vor dem Leiden bewahren möge!

Frieden zu schließen ist das Herz allen Lebens. Wir Friedensstifter müssen so oft wie möglich zusammentreffen, damit wir in uns selbst, in unseren Ländern und in der ganzen Welt Frieden machen können.

Jeder wirkliche Frieden wird weder den Osten noch den Westen, weder den Norden noch den Süden begünstigen.

Ein friedliches Kambodscha wird gegenüber allen freundlich sein. Der Frieden ist gewaltlos, und so werden wir Kambodschaner allen anderen gegenüber gewaltlos bleiben, während wir unser Land wieder aufbauen. Der Frieden basiert auf Gerechtigkeit und Freiheit, und so wird ein friedliches Kambodscha gerecht und frei sein.

Unser Weg zum Frieden beginnt heute und an jedem neuen Tag. Frieden zu schließen ist unser Leben. Wir müssen Menschen aus aller Welt dazu einladen, uns auf unserem Weg zu begleiten. Indem wir Frieden für uns und unser Land schließen, schließen wir Frieden für die ganze Welt.

Unser Erbe bewahren

Nordamerika ist ein Schmelztiegel. Wir Kambodschaner leben hier erst seit einer Generation. In den letzten Jahren haben wir uns auch in Europa, in Australien und in ganz Asien angesiedelt. Indem wir in einem neuen Land unser Leben wieder aufbauen, werden wir Teil einer neuen Gesellschaft. Es ist wichtig für uns, dabei auch unsere kulturelle Identität aufrechtzuerhalten. Ohne unsere Kultur werden wir uns verloren vorkommen und verwirrt sein wie Fische auf dem Trockenen.

Die Kambodschaner besitzen ein kostbares Erbe. Der Reichtum ihrer Kultur beinhaltet viele Gaben:

Kambodschaner sind furchtlos, denn sie können Zorn, Begierde und Wahn überwinden.

Kambodschaner sind bescheiden, höflich und edel.

Kambodschaner sind ihren Müttern und Vätern dankbar, denen, die sie leiten, ihrem Land und der ganzen Welt.

Kambodschaner halten sich an die fünf moralischen Regeln, die Grundregeln aller Menschlichkeit, und an das Dharma des Gut-Seins.

Kambodschaner besitzen Achtsamkeit und klares Verständnis als Beschützer.

Kambodschaner praktizieren liebevolle Güte, Mitgefühl, mitfühlende Freude und Gleichmut.

Kambodschaner sind geduldig. Sie können große Schwierigkeiten, großes Leid und Härten ertragen.

Kambodschaner vergessen und vergeben die Fehler anderer Menschen. Sie lernen aus der Vergangenheit. Sie nutzen die Gegenwart, um die Zukunft zu errichten.

Kambodschaner sind wahrheitsliebend und maßvoll in ihrem Verhalten. Sie folgen dem mittleren Weg.

Kambodschaner sind sanft und freundlich. Sie reden aufrichtig, liebevoll und mit Sinn für das Praktische, klar, vibrierend und süß. Was sie sagen, besitzt die Kraft, den Geist von Furcht zu befreien, ihn vom Wahn zu reinigen und ihn zu stärken.

Kambodschaner kennen die Tradition der Solidarität. Sie sind vereint durch den Buddhismus und durch ihre Liebe zum Dharma.

Wenn wir in einen Fluß steigen, fließen wir mit dem Strom des Wassers mal nach rechts, mal nach links. Aber wir können unser Boot nicht vergessen: unsere Tradition. Mögen die Kambodschaner, wie alle Buddhas, Friedensstifter sein. Mögen wir in der Tradition unseres heiligen Landes Einheit, liebevolle Güte und Frieden praktizieren, vereint mit tiefster Dankbarkeit.

Brücken bauen

Kambodscha wurde von Tod, Hunger und dem Kampf ums Überleben zerrüttet. Die Menschen wandten sich gegeneinander, der Bruder kämpfte gegen seinen Bruder. Wir erhielten Waffen aus aller Welt, die uns dabei helfen sollten, einander zu töten.

Nun gelangen wir wieder zurück in das, was uns allen gemeinsam ist – den mittleren Weg des Dharma. Es gibt für uns keinen anderen Weg. Wir müssen den mittleren Weg miteinander gehen, Schritt für Schritt. Auf unserer Reise streben wir danach, die Buddha-Natur in jedem von uns zu erwecken, das Wesen Christi, das Licht des Friedens. Wir erstreben das gewaltlose Wesen der Kambodschaner. Krieg, Waffen und das Kämpfen haben uns furchtbar leiden lassen. Jetzt ist es Zeit für den Frieden, für eine gewaltlose Lösung all unserer Probleme. Wir streben danach, die Sangha wieder aufzubauen, die Gemeinschaft der kambodschanischen Buddhisten. Wir möchten buddhistische Mönche und Nonnen unterstützen, damit in Kambodscha und in der ganzen Welt Tempel errichtet werden können. Wir möchten die Brücken zwischen den Menschen unseres Volkes wieder aufbauen, wie groß die Differenzen zwischen ihnen auch sein mögen.

Wir sind vereint durch unsere Buddha-Natur, und mit ihrer Hilfe können wir Brücken der Einheit, des gegenseitigen Verständnisses und des Friedens bauen. Wir werden Kambodscha und jeden anderen Winkel der Welt bereisen, in dem es Buddhisten gibt. Auf dieser Reise wird jeder Schritt ein Gebet sein, und jeder Schritt wird eine Brücke bauen. In unserer Pilgerschaft vereinigen wir uns mit allen Religionen der Welt und ihren religiösen Führern. Die Gebete und Meditationen jedes einzelnen Menschen sind eine machtvolle Schwingung des Friedens für Kambodscha und die ganze Welt.

Vier Gesichter, ein Herz

In der Angkor-Periode unserer Geschichte bauten die Könige kunstvolle Tempel. Diese Tempel aus Stein reichten bis zum Himmel und erstreckten sich über Meilen, und darum wurden sie „Tempelberge" genannt. Einer der berühmtesten unter ihnen ist Angkor Thom. Teile dieses Tempels stehen noch heute.

Am Haupttor von Angkor Thom befindet sich eine schöne Skulptur. Es ist ein sehr großer Kopf mit vier Gesichtern des Buddha, die in alle vier Himmelsrichtungen schauen. Die Gesichter stehen für große Eigenschaften des Buddha: liebevolle Güte, Mitgefühl, Gleichmut und mitfühlende Freude.

Warum hat diese Skulptur so viele Jahrhunderte überdauert? Weil sie ein Versprechen in sich birgt – das fast vergessene Geheimnis des Friedens in Kambodscha: liebevolle Güte, Mitgefühl, Gleichmut und mitfühlende Freude. Vier Gesichter, ein Herz. Vier Parteien, ein Kambodscha. Der Frieden kommt langsam, Schritt für Schritt.

Das Lächeln des Buddha

Was bedeutet das Lächeln des Buddha? Alle Buddha-Statuen – tibetische, japanische, koreanische, vietnamesische, chinesische, kambodschanische und thailändische – zeigen unterschiedlich aussehende Buddhas, aber alle haben sie dasselbe Lächeln. In Kambodscha nennen wir es „das Lächeln der Khmer". Dieses Lächeln besitzt acht Kennzeichen. Die Augen sind ein wenig geschlossen. Die Lippen sind geöffnet. Der Geist ist erfüllt von Verständnis. Das Herz ist erfüllt von Mitgefühl. Dieses Lächeln ist frei von Furcht und Gebundensein, von Ärger und Verwirrung. Wenn der Buddha lächelt, ist keine Spur von Furcht mehr da.

Eine Armee des Friedens

Es wird Geschichte gemacht. Vier Armeen legen ihre Waffen nieder. Vier Parteien regieren gemeinsam. Wir machen unseren Weg gemeinsam.

Ganz Kambodscha weint um die Toten. Jede Handlung hat eine Folge. Jahre der Gewalt haben ein große Tragödie mit sich gebracht. Noch mehr Gewalt kann nur noch mehr Schaden bringen.

Jetzt ist es Zeit für den Frieden, und buddhistische Mönche werden eine fünfte Armee nach Kambodscha bringen – die Armee des Buddha. Wir werden die Waffen der liebevollen Güte auf die Menschen abfeuern.

Die Armee des Buddha wird strikte Neutralität wahren. Achtsamkeit wird unsere Rüstung sein. Wir werden eine so mutige Streitmacht sein, daß wir uns von der Gewalt abwenden werden. Unser Ziel wird es sein, dem Leid ein Ende zu setzen.

Wir werden uns für Einheit, Freiheit und eine internationale Politik der Freundschaft einsetzen. Wir werden in der Zukunft damit fortfahren, die geistigen Grundlagen des Friedens zu erweitern. Wir werden unsere Friedfertigkeit weiter stärken. Wir werden uns bemühen, uns zu einer Armee des Friedens zu formieren.

Laßt uns auf unserem Weg die folgenden sieben grundlegenden Prinzipien verfolgen:

- In Kambodscha lebt ein besonderes Volk mit einer spezifischen Kultur und religiösen Tradition, die es zu bewahren und aufrechtzuerhalten gilt.

- Im kambodschanischen Volk gibt es eine überwältigende Sehnsucht nach Gewaltlosigkeit, Abrüstung und Neutralität.
- Dem Volk Kambodschas müssen alle grundlegenden Menschenrechte zugestanden werden. Dies schließt das Recht auf Selbstbestimmung und auf eine freie wirtschaftliche, soziale und kulturelle Entwicklung ein.
- Vorrangiges Prinzip der kambodschanischen Geschichte, Kultur und Religion ist die Gewaltlosigkeit.
- Kambodschaner in allen Teilen der Welt sollten dazu eingeladen werden, sich dieser Meditation und den Friedensbemühungen anzuschließen.
- Der Buddhismus beinhaltet einen Geist der Versöhnung, der Universalität und der Einheit.
- Dem achtfachen Pfad zu folgen – rechtes Verständnis, rechte Achtsamkeit, rechte Sprache, rechtes Handeln, rechte Lebensweise, rechte Anstrengung, rechte Aufmerksamkeit, rechte Konzentration zu praktizieren – wird den Frieden bringen.

Mögen der Reichtum und die Macht unseres Erbes, das Gut-Sein der Kambodschaner überall auf der Welt und die Weisheit und das Mitgefühl des Buddha uns zu einer friedlichen Wiedervereinigung bringen.

Frieden in unserer Zeit

Wir beten um Frieden und für die Toten, ganz besonders für diejenigen, die während des Krieges und durch Landminen getötet wurden. Wir beten um Frieden in Kambodscha und in der ganzen Welt. Wir wissen, daß es keinen Frieden geben kann, solange es noch Landminen gibt. Wir müssen Frieden schließen und unablässig daran arbeiten, daß Landminen geächtet werden. Um Frieden in der Welt zu machen, müssen wir Frieden in unserem Geist haben. Und so beginnen wir mit der Stille – mit Meditation und Gebet. Um Frieden zu machen, müssen wir zunächst einmal alle Landminen aus unserem eigenen Herzen entfernen, die uns daran hindern, Frieden zu schließen: Begierde, Haß und Wahn. Wir können der Begierde Freigebigkeit entgegensetzen, dem Haß liebevolle Güte, dem Wahn Weisheit. Frieden zu schließen beginnt bei uns selbst.

Wir müssen außerdem denjenigen zuhören, die durch Landminen verstümmelt wurden – mitfühlend, nicht mitleidig. Wir müssen liebevolle Güte für unsere verstümmelten Brüder und Schwestern üben, so wie eine Mutter ihr Neugeborenes liebt und beschützt. Die Welt ist unser Zuhause, und alle Menschen, die auf ihr leben, sind unsere Brüder und Schwestern. Es ist unsere Pflicht, sie zu lieben und zu beschützen und ihnen zu dienen. Wenn wir Landminen entfernen und unser Zuhause für andere Menschen sicherer machen, dann schützen wir unsere Brüder und Schwestern, unsere Eltern und Kinder. Wir müssen denjenigen, die in Kambodscha und an anderen Orten der Welt die Minen entfernen, sehr dankbar sein, denn sie machen unser Zuhause für die ganze menschliche Familie sicherer.

Frieden zu machen erfordert Selbstlosigkeit. Um Frieden zu machen, ist die Fähigkeit, mit anderen zusammenzuarbeiten, von wesentlicher Bedeutung. Um die Verwüstungen zu beenden, die durch Landminen verursacht werden, müssen wir alle zusammenarbeiten, in Kambodscha ebenso wie in Afghanistan, Ruanda, dem ehemaligen Jugoslawien und jedem anderen Land auf der Welt. Unser Ziel darf nur der Frieden und eine Ächtung von Landminen sein, nicht aber Ruhm, Glanz oder auch nur Ehre. Nach Ruhm, Glanz und Ehre zu streben, wird unseren Bemühungen nur schaden.

Wir müssen uns dafür entscheiden, daß es wichtiger ist, Frieden zu schließen als Krieg zu führen, daß es wichtiger ist, Landminen zu ächten als sie herzustellen, zu verkaufen oder einzusetzen. Wir müssen uns dafür entscheiden, dem ersten Gesetz zu gehorchen, das besagt, daß man andere nicht töten und ihres Daseins berauben darf. Wir können keinen anderen Sieg als den Frieden akzeptieren. Ohne eine vollständige Ächtung aller Arten von Landminen wird es keinen Frieden geben. Wir beten darum, daß Weisheit und Mitgefühl bei allen Treffen der führenden Politiker der Welt anwesend sein mögen, wenn sie über internationale Gesetze bezüglich der Waffen und ganz besonders der Landminen verhandeln. Wir beten darum, daß sie sich nicht mit weniger als einer vollständigen Ächtung dieser Waffen zufriedengeben.

Zusammen mit den Friedensstiftern aller Glaubensrichtungen widmen wir uns der Aufgabe, täglich Frieden zu schließen, denn wir wissen, daß die Arbeit am Frieden unaufhörlich ist. Es gibt keinen Anfang und kein Ende. Wir dürfen uns niemals entmutigen lassen und müssen bereit sein, immer wieder von neuem zu beginnen. Wir üben ständig unsere Fähigkeit zum Frieden: für den Frieden und eine von Landminen befreite Welt zu beten, Märsche zu veranstalten und zu handeln.

Wir beten zu Gott und bitten um Frieden. Gleichzeitig unterstreichen wir in allem Ernst, daß Religionen niemals Haß, Gewalt und Krieg rechtfertigen. Vor den Augen der Welt erinnern wir uns selbst und alle anderen daran, daß Religionen nicht für Krieg, sondern für Frieden stehen. Dies ist eine sehr alte Überzeugung, die mit neuer Kraft aus den Tiefen verschiedener religiöser Traditionen aufgestiegen ist. Gott will Frieden, nicht Krieg. Jeder, der den Namen Gottes dazu verwendet, seinen Bruder zu hassen, steht außerhalb einer reinen, unbefleckten Religion, denn die vielen Namen Gottes bedeuten niemals Krieg, sondern sie ergeben, wenn man sie alle zusammen betrachtet, das Wort „Frieden".

Von einem Krieg um der Religion willen zu sprechen ist eine Absurdität. Es ist meine feste Überzeugung und ein Appell an jede Frau und jeden Mann: Laßt das Wort und das Leben der Religionen Frieden sein. Frieden ist die Übereinkunft, die Angehörige verschiedener Traditionen miteinander getroffen haben, damit sie einander begegnen und verstehen und zusammenarbeiten können. Der Frieden ist ein unteilbarer Wert, der von Gott kommt und der gesamten Menschheit gehört. Der Krieg ist grausam; er ist die Mutter aller Grausamkeiten. Keinem Menschen und keinem Volk darf es gestattet sein, den Frieden durch Krieg zu entweihen.

Viele Menschen wünschen sich ein Ende der Gewalt und der Konflikte. Sie stammen von allen Kontinenten und bezeugen den zerstörerischen Schrecken des Krieges und seiner Methoden. Ihre Stimmen fordern uns auf, uns selbst zu fragen, ob wir uns in unseren religiösen Gemeinschaften für den Frieden eingesetzt haben. Wir bitten um Vergebung für unsere Fehler und für die unsere Mitbrüder und -schwestern, und wir verpflichten uns dazu, die Erneuerung unserer Herzen zu vertiefen und dem Pfad des Friedens zu folgen.

Viele Menschen aus der südlichen Hemisphäre der Welt bitten darum, daß der weniger entwickelte Teil unseres

Planeten nicht in Vergessenheit gerät, daß es wieder zu einer Politik der Zusammenarbeit in gegenseitigem Respekt kommen möge und im Etat eines jeden Landes ein Entwicklungsfonds eingerichtet werden möge. Es gibt viele Zeugnisse dafür, welche Qual durch Nationalismen hervorgerufen wird, und das in einer Zeit, die in anderer Hinsicht dazu neigt, die Welt als eine Welt zu verstehen. Die Religionen der verschiedenen Kontinente, die die Wirklichkeit der Menschen einbeziehen, können nicht umhin, sich diesem Appell der Kriegsopfer und der Menschen aus dem Süden anzuschließen.

In vielen Teilen der Welt ist nur in der Zukunft, nicht aber in der Gegenwart Zeit für den Frieden. Wenn es jedoch gegenwärtig möglich ist, daß eine Vielzahl von Menschen einen Krieg beginnt, dann ist es ebenso möglich, daß eine Vielzahl von Menschen Frieden schließt. Unser Traum ist, daß jeder Gläubige sich unmißverständlich dem Frieden verpflichtet und dies allen Menschen guten Willens mitteilt.

Der Frieden ist verletzlich. Darum richten wir unseren Appell an uns selbst, an alle Gläubigen, an die führenden Politiker, an jeden Menschen. Frieden steht in der Macht jedes einzelnen Menschen. Wir müssen daran arbeiten. Vor allem aber richten wir unseren Appell an Ihn, der größer ist als wir alle: daß er gewalttätige Herzen erweichen möge, daß er Krieg, Ungerechtigkeit und Schrecken von der Erde verschwinden lassen möge und uns schon bald das große Geschenk des Friedens zuteil werden lasse.

Mögen alle Lebewesen frei von Furcht sein. Mögen alle Lebewesen frei vom Leiden sein. Mögen alle Lebewesen in Frieden leben.

Die Umarmung der Liebe

In Kambodscha begrüßen die Menschen einander auf eine spezielle Weise. Sie wölben ihre Hände in der Haltung des Gebets und neigen den Kopf. Dies wird *sompeah* genannt: „Ich beuge mich vor deiner Buddha-Natur."

Wenn Kambodschaner Menschen begrüßen, die ihnen besonders wichtig sind, dann geschieht dies in einer langen und liebevollen Umarmung. Sie heben den Geehrten vorsichtig ein wenig hoch. Dadurch wird der Kopf des Geehrten über den des Grüßenden erhoben. Diese Geste besagt: „Ich empfinde für dein Dasein eine besondere Ehre."

Als ich mit Papst Johannes Paul II. auf den Stufen des Vatikan zusammentraf, umarmten wir einander lang und liebevoll. Dann versuchte ich ihn hochzuheben, um ihm meinen Respekt zu erweisen. Aber ich bin ein kleiner Mönch, und der Papst ist recht groß. Mein Arm hat mir hinterher noch wochenlang wehgetan. Mitgefühl bedarf der Weisheit!

Manche Menschen sagen, daß Buddhismus und Christentum sich nicht vereinbaren lassen. Ich meine: „Warum nicht?" Die Liebe kann alles umgreifen.

Ich bringe dem Papst Liebe entgegen, und er ist glücklich. Durch die Liebe sind wir gemeinsam furchtlos.

Jeder Schritt ist ein Gebet

Der Buddha hat die Übung der Achtsamkeit „den einzigen Weg" genannt. Immer in der Gegenwart sein. Immer in diesem Augenblick sein. Von Augenblick zu Augenblick. Bei jeder Handlung. Bei jedem Schritt, den man gerade tut.

Darum sagen wir: „Schritt für Schritt. Jeder Schritt ist eine Meditation." Wenn die Kinder in Providence mich zum Bahnhof bringen und ich in den Zug steige, rufen sie: „Langsam, langsam, Schritt für Schritt, jeder Schritt ist ein Gebet!", und alle anderen Passagiere schauen zu und lächeln. Dieser Spruch ist inzwischen berühmt!

Diese Kinder sprechen nicht sehr gut Englisch, aber sie erkennen den Sinn dieses Satzes mit ihren Herzen. Sie sind das neue Kambodscha, und sie kennen schon den Weg zum Frieden.

In Kambodscha sagt man: „Eine Reise von 10 000 Meilen beginnt mit einem einzigen Schritt."

Langsam, langsam, Schritt für Schritt. Jeder Schritt ist eine Meditation. Jeder Schritt ist ein Gebet.

Gewaltlosigkeit

Beim Essen benutzen wir unsere sechs Münder. Der erste Mund sind die Augen. Wir essen Form. Wenn eine Form schön ist, haben wir einen angenehmen Geschmack in unseren Augen. Ist eine Form häßlich, so haben wir einen unangenehmen Geschmack in den Augen. Wenn unser Auge gar nicht darauf achtet, was es ist, haben wir einen neutralen Geschmack in den Augen. Der zweite Mund sind die Ohren. Wenn ich dich lobe und du nimmst das Lob auf, dann schmeckt es dir sehr gut. Wenn ich dich beschuldige, dann schmeckt dir das nicht sehr gut. Wenn du meine Sprache nicht verstehst, dann hast du beim Hören einen neutralen Geschmack. Mit der Nase ist es dasselbe. Die Nase ißt Gerüche. Wenn ich ein Parfum auftrage, würdest du mich am liebsten küssen. Wenn mein Körper schlecht riecht, dann magst du ihn nicht. Wenn du ohne Bewußtsein ein- und ausatmest, dann ist dein Empfinden neutral. Mit dem Körper ist es dasselbe. Wenn ich dich massiere, bist du glücklich. Wenn ich dich schlage, hast du ein unangenehmes Gefühl. Der Körper ißt in jedem Augenblick den physischen Kontakt. Der stärkste Esser aber ist der Geist. Wir haben so viele Gedanken. Nun befrage mich zur Gewaltlosigkeit. Was ist Gewaltlosigkeit? Wir sind was wir essen. Wenn wir Gewaltlosigkeit essen, werden wir gewaltlos. Jeder liebt das Leben, sogar gewalttätige Menschen. Darum töte bitte nicht. Wenn wir uns gewaltlos verhalten, ziehen wir daraus 52fachen Nutzen. Wir schlafen gut. Wir wachen auf und fühlen uns gut. Wir haben gute Träume.

Der Geist ist ein großer Kassettenrecorder, der alles aufnimmt. Wir nehmen auf durch unsere Ohren, Augen, durch die Nase, die Zunge, den Körper und den Geist. Der Geist nimmt jeden Augenblick durch unsere Sinnesorgane auf. Wir Menschen können uns der Wahrheit nicht widersetzen. Wir können sie erfahren. Wir können sie ausprobieren. Die Idee, jedes Jahr einen Friedensmarsch – Dhamma Yietra – zu veranstalten, haben wir von Mahatma Gandhi.

Anhang

Dhamma Yietra: Ein Augenblick des Friedens, ein Hoffnungsschimmer

von Liz Bernstein, Bob Maat und Yeshua Moser

Am Nachmittag des 4. Mai 1993 verließen die Ponleu Khmer (eine Gruppe von mehr als 400 buddhistischen Mönchen, Nonnen und Laien) den Tempel von Angkor, Kambodschas Nationalheiligtum, im Geiste eines „langsam, langsam, Schritt für Schritt". Es war der Beginn eines 350 Kilometer langen Marsches quer durch das Land, durch die vom Krieg zerrütteten Provinzen Siem Reap, Kompong Thom und Kompong Cham bis zur Hauptstadt Phnom Penh. Es war der Anfang eines Friedensmarsches durch diejenigen Gebiete Kambodschas, die seit der Unterzeichnung des Pariser Friedensvertrages im Oktober 1991 nichts als Krieg gekannt haben. Der sechzehn Tage dauernde Marsch fand unmittelbar vor den von den Vereinten Nationen unterstützten landesweiten Wahlen statt. Die Marschroute verlief mitten durch das Gebiet der Roten Khmer, die versucht hatten, die Bewohner durch Verunglimpfung der Wahlen und Gewaltandrohung davon abzuhalten, ihre Stimmen abzugeben.

Fast endete der Dhamma Yietra, bevor er eigentlich begonnen hatte. Am frühen Morgen des dritten Mai, als sich die Teilnehmer zur Morgenmeditation versammelt hatten, verwandelte sich die Pagode in der Stadt Siem Reap, in der sie sich aufhielten, unversehens in ein Schlachtfeld.

Im Verlauf eines vierstündigen Beschusses wurden drei Teilnehmer verwundet. Eine Handgranate wurde in einen Raum geworfen, in dem sich 200 Teilnehmer des Marsches und der Ehrwürdige Maha Ghosananda, der Höchste Patriarch des kambodschanischen Buddhismus und Leiter des Dhamma Yietra, versammelt hatten. Die Granate explodierte nicht. Als der Beschuß schließlich aufhörte, versammelten sich die Teilnehmer um ihren geliebten Patriarchen, der lächelnd sagte: „Buddha hat uns gerettet." Zwei Tage später sagte der ehrwürdige Mönch mit einem die Religionen umgreifenden Lächeln zu dem katholischen Mönch unter uns: „Christus hat uns gerettet!"

Unmittelbar nach diesem gewaltsamen Zwischenfall stellte sich die Frage, ob der Marsch überhaupt fortgesetzt werden sollte. Die Gruppe der Teilnehmer wurde bestimmt von dem, was Maha Ghosananda empfand. „Gerade weil dies passiert ist, müssen wir weitergehen", bekräftigte er. Wie in einem Widerhall auf diese Worte ließ der am schwersten verwundete Teilnehmer von seinem Krankenbett aus mitteilen, daß der Marsch fortgesetzt werden müsse. „Bitte geht weiter ... damit wir vielleicht bald Frieden haben." Einige der Organisatoren schlugen vor, daß die erste Wegstrecke durch die „kritischen Gebiete" in Bussen zurückgelegt werden sollte. Am nächsten Morgen – es war der Tag vor Vesak, dem höchsten buddhistischen Feiertag – kam ein Bus aus Phnom Penh mit mehr als 100 Teilnehmern aus verschiedenen Teilen des Landes an. Wenig später traf ein Bus mit Teilnehmern aus Thailand ein. Die Teilnahme aller dieser Menschen war durch den Angriff verzögert worden; sie hatten sich dadurch jedoch nicht abschrecken lassen. Als der erste Bus in das Tempelgelände einbog, sagte einer der Organisatoren: „Die Idee mit dem Busfahren können wir vergessen. Wir laufen!"

Das Konzept des Dhamma Yietra ist so alt wie der Buddha selbst. In den Tagen des Buddha (vor mehr als 2500 Jahren) war er selbst es, der seine Mönche und Nonnen in langen Prozessionen über das Land führte und dabei den Frieden lehrte als einen Weg, das Leiden zu lindern. Der Buddha suchte dabei die Gebiete auf, in denen Konflikte herrschten. In dieser Tradition kündigte Maha Ghosananda den Dhamma Yietra an, einen Fußmarsch für den Frieden in Kambodscha und in der gesamten Welt.

Die Route des Friedensmarsches wurde im Hinblick auf den immer noch andauernden Krieg gewählt. „Wir müssen dorthin gehen, wo sich die Kämpfe abspielen", sagte Maha Ghosananda den Teilnehmern. Der Ehrwürdige Kim Teng, einer der Hauptorganisatoren des Marsches, erklärte den 150 Mönchen, die am Marsch teilnehmen würden, warum diese spezielle Route gewählt worden war: „Wir, die Mönche, müssen unserem Volk dienen. Wie sind von ihm abhängig. Sie sind buchstäblich die Schüssel, aus der wir unseren Reis essen; sie unterstützen uns. Wenn das Volk leidet, leiden wir auch. Wir können nicht in unseren Tempeln sitzenbleiben und meditieren. Wir müssen dorthin gehen, wo das Leiden am größten ist, um die Trauer der Menschen zu teilen und ihre Tränen zu trocknen. Mit jedem Schritt werden wir eine Brücke bauen, die vom Krieg zu Ruhe und Frieden führt. Wir sind nicht da, um den Frieden zu erhalten, so wie die UN, sondern wir sollen Frieden stiften. Also müssen wir dahin gehen, wo es bis jetzt noch keinen Frieden gibt, der erhalten werden könnte."

Bei einem späteren Anlaß kam er nochmals auf die Marschroute zu sprechen und sagte einem in Phnom Penh versammelten Publikum: „Nicht weit von hier liegt der Weg von Siem Reap nach Kompong Thom. Wir haben ihn in weniger als einem Monat zurückgelegt. Aber es war, als würden wir uns auf einem anderen Kontinent befinden. Die Menschen dort schlafen in Bunkern, weil sie jede Nacht Raketenangriffe zu befürchten haben. Ihre Augen sind von Leiden erfüllt. Sie kamen, um dieses Leid mit uns zu teilen, sie öffeten uns ihre Seelen, bevor wir noch fragen konnten, wie es ihnen geht. Allein unser Anblick, wie wir gingen, war heilsam für sie, wie Medizin. Es war wie ein Krankenbesuch. Selbst wenn man keine Arznei mitbringt, fühlt sich der Kranke hinterher besser, einfach nur weil man da war."

Maha Ghosananda hat oft gesagt: „Kambodscha hat tiefes Leid erfahren. Die Jahre der Gewalt haben zu einer Tragödie geführt. Noch mehr Gewalt erzeugt nur noch mehr Schaden.

Jetzt ist es Zeit für den Frieden." Diese Botschaft wurde unter Tränen von den Tausenden von Menschen empfangen, die Zeugen des Marsches waren und an ihm teilnahmen. Mit Blick auf die Lehre Maha Ghosanandas kommentierte Kim Teng: „Die Menschen waren glücklich, die Lehre zu empfangen, daß der Frieden im menschlichen Herzen beginnt und darum bei ihnen selbst anfangen kann. Ich sagte ihnen, daß ich ganz fest daran glaube, daß, wenn sie Frieden in ihren Herzen haben, dieser Frieden sich über ihre Familien, ihre Dörfer und schließlich über unser gesamtes Land ausbreiten wird. Und in dem, was sie uns anboten, konnten wir sehen, daß sie beim Anblick des Marsches in ihren Herzen Frieden empfanden. Das gab uns umgekehrt die Kraft und Energie, die wir brauchten, um weiterzumachen."

Normalerweise begannen die Tagesmärsche zwischen vier und fünf Uhr morgens, je nachdem wie sicher die jeweilige Region war. Ganz gleich ob in der Stadt oder auf dem Land – selbst um vier Uhr früh warteten Familien vor ihren Hütten mit einem Eimer Wasser, Kerzen und Räucherstäbchen. Während die Mönche und Nonnen in Zweierreihen an ihnen vorbeigingen, segneten sie die Menschen mit dem Wasser und mit Worten des Friedens: „Möge Frieden in deinem Herzen sein, in deiner Familie, deinem Dorf und in unserem ganzen Land ..." Viele Teilnehmer und Teilnehmerinnen bekamen von den Menschen, die entlang des Weges warteten, in einer Art „Segnung" die Füße gewaschen, verbunden mit guten Wünschen, die ihnen mit auf den Weg gegeben wurden: „Möge deine Reise so kühl sein wie dieses Wasser." Es wurden viele Gebete gesprochen: „Möge der Krieg jetzt zu Ende sein. Mögen wir uns bei den Händen nehmen und einander nie mehr als Feinde betrachten von diesem Tag an", rief eine Großmutter, die ihr Enkelkind hochhob, damit es den Wassersegen von einem der Marschteilnehmer erhielte. „Sie wollen den Frieden ebensosehr wie wir", antwortete ihr eine Nonne. Ein Lehrer sagte: „Als ich hörte, daß der Dhamma Yietra für den Frieden sei, habe ich am ganzen Körper Gänsehaut bekommen bei dem Gedanken daran, daß wir wirklich fähig sein könnten, wahren Frieden zu bekommen. ... Und jetzt seid ihr hier ..."

Eines Tages wurden die Teilnehmer des Marsches von einem kalten Regenguß überrascht. Während die meisten Teilnehmer sich in die Häuser flüchteten, um das Ende des Gusses abzuwarten, setzten etwa fünfzig Mönche den Marsch bei strömendem Regen fort. Als sie den Tempel erreichten, fanden sie dort Bewohner des Dorfes vor, die im Schlamm knieten und den Wassersegen der Marschteilnehmer erwarteten.

An einem anderen Tag, bei brennender Hitze, rief eine Frau am Wegesrand den schwitzenden Marschteilnehmern Worte der Ermutigung zu. Sie lobte sie dafür, wie sie die hohen Temperaturen aushielten: „Wie ihr das schafft, bei dieser Hitze zu laufen, *muß* einfach Frieden bringen!" Ein Mann antwortete: „Diese Hitze ist nichts verglichen mit den Flammen des Krieges!" Seine Frau fügte hinzu: „Ich würde bei noch viel größerer Hitze weitergehen, wenn uns das den Frieden brächte!" An einem anderen drückend heißen Tag sagte eine alte Großmutter am Rand des Weges: „Ihr sollt gesegnet sein dafür, daß ihr bei dieser Hitze weiterlauft!" Eine der Nonnen, die am Marsch teilnahmen, antwortete ihr: „Das Wetter mag heiß sein, aber unsere Herzen sind kühl!"

In vielen Teilen von Siem Reap und Kompong Thom durchquerten die Marschteilnehmer regelrechte Kriegsgebiete. Es gab keinen Tag, an dem nicht das Krachen der Artillerie oder die Explosionen von Minen zu hören waren. Immer wieder hörten die Marschteilnehmer Rufe wie „Wir haben so viel gelitten" von Menschen entlang des Weges, die durch den Krieg Arme, Beine oder Augen verloren hatten oder von Menschen, die einmal mehr fünf bis fünfzehn Kilometer entfernt von ihren Heimatdörfern unter blauen Plastikplanen leben mußten. „Möge es Frieden geben, damit wir schon bald in unsere Häuser zurückkehren können", bat ein Vater, der vor seinem blauen Plastikzelt kauerte. Der Dhamma Yietra zog durch Gebiete, in denen es den Friedenstruppen der UN um ihrer eigenen Sicherheit willen nicht gestattet war, sich mehr als fünfhundert Meter von ihren Stützpunkten zu entfernen. Der Marsch verlief durch Gebiete, in denen die Gebete der Menschen in besorgniserregender Einfachheit nur lauteten: „Wenn wir doch nur wieder einmal über der Erde schlafen könnten", anstatt ihre Kinder für eine weitere Nacht in den Bunker bringen zu müssen. „Wenn der Beschuß doch aufhören würde. Wir wissen nicht mehr, wohin wir noch flüchten sollen", klagte eine Mutter von fünf Kindern. „Wenn wir doch nur keine Angst mehr vor der Nacht haben müßten."

Selbst Soldaten legten ihre Waffen nieder, während die Mönche an ihnen vorbeiliefen und baten darum, gesegnet zu werden. Einmal kamen am Ende einer Etappe einige Soldaten in den Tempel, in dem sich die Mönche aufhielten und legten ihre Waffen auf den Boden. Sie verbeugten sich vor den Mönchen und baten um den Schutzsegen. „Wir möchten nicht, daß jemand verletzt wird", sagte einer von ihnen. „Ich trage nichts Böses in meinem Herzen", fuhr er fort. „Bitte segnet uns, damit unsere Waffen niemanden verletzen und wir nicht von den Waffen der anderen verletzt werden."

Es war eines der erklärten Ziele des zweiten Dhamma Yietra, im Umfeld der Wahlen in Kambodscha vom 23. bis zum 28. Mai 1993 eine friedliche Umgebung zu schaffen. Ein Mönch drückte es folgendermaßen aus: „Durch unseren Marsch versuchen wir, liebevolle Güte und Mitgefühl in das Land zu tragen. Für eine Versöhnung nach zwanzig Jahren des Konflikts müssen wir in der Lage sein, einander wieder zu vertrauen ... so daß in Kambodscha der wahre Frieden die Oberhand gewinnen kann."

In einigen Städten versuchten örtliche Regierungsbeamte, die Menschen davon abzuhalten, die Marschteilnehmer zu empfangen, weil sie den Friedensmarsch aus irgendeinem

Grund als eine Bedrohung ihrer politischen Interessen empfanden. Aber ihre Bemühungen schienen einen gegenteiligen Effekt zu haben: Der wärmste Empfang wurde den Marschteilnehmern in derjenigen Stadt bereitet, in der die Menschen unmißverständlich angewiesen worden waren, den Friedensmarsch nicht zu empfangen. Alte Männer und Frauen flüsterten den Marschteilnehmern zu: „Sie haben gesagt, wir sollen nicht kommen, aber sie können uns nicht aufhalten. Dies hier ist unsere Religion. Und wir sehnen uns so sehr nach dem Frieden." Das sagten sie, während sie den Mönchen und Nonnen etwas zu essen anboten.

Ein junger Mann aus einem anderen Dorf, in dem man den Menschen gesagt hatte, daß sie uns nicht empfangen sollten, berichtete, daß in der Gegend in jüngster Zeit dreißig Menschen Opfer eines Blutbades in einem Tempel geworden waren. „Aber diesmal", sagte er, habe er „nicht wegbleiben können. Zum ersten Mal haben wir es gewagt, uns zu einer großen Gruppe zu versammeln. Dieses Mal sind alle gekommen. Der Markt findet heute nicht statt; die Leute haben ihre Arbeitsplätze verlassen und ihre Kinder zuhause gelassen und sind gekommen, um euch zu empfangen. Wir sind so dankbar, daß ihr gekommen seid, um uns zu helfen, Frieden zu finden. Die UN haben Leute aus allen Teilen der Welt geschickt, damit der Frieden erhalten bleibt, aber es hat nichts genützt. Alles, was uns noch geblieben ist, sind die Mönche und der Buddhismus. Wenn sie uns helfen, sollte es nicht so schwierig sein, Frieden zu schließen. Sie müssen uns aus diesem Wahnsinn, in dem wir einander umbringen, herausführen. Wenn wir nur an die Rache und ans Töten denken, wird das niemals ein Ende nehmen. Die Mönche müssen uns führen."

Als der Dhamma Yietra Phnom Penh erreichte, eine Stadt, die in ständiger Anspannung und Furcht vor der Gewalt lebte, war die Zahl der Teilnehmer auf über dreitausend gestiegen. Viele Menschen schlossen sich spontan dem Marsch an. Verschiedene Frauengruppen, Studentenorganisationen und Menschenrechtsgruppen hatten sich zusammengetan, um den Marsch durch die Straßen von Phnom Penh zu organisieren, nachdem immer mehr Menschen aus den verschiedensten Berufen sich spontan daran beteiligten.

„Ich sah, wie der Marsch vor meinem Bürofenster vorbeizog, und ich mußte einfach mitgehen. Ich habe es drinnen nicht mehr ausgehalten. Ich habe einfach meinen Arbeitsplatz verlassen ... alle Kambodschaner und auch die Ausländer sollten aufhören zu arbeiten und heute für den Frieden marschieren. Als ich die Mönche sah, war ich sprachlos", sagte ein kambodschanischer Mitarbeiter einer internationalen Organisation. Ein anderer fügte hinzu: „Die Leute hatten solche Angst wegen der Wahlen. Hier in Phnom Penh haben viele angefangen, Reis zu horten ..." Die Marschteilnehmer jedoch gingen durch die Straßen der Stadt und hielten an verschiedenen zentralen Punkten Schweigemeditationen für den Frieden ab. Ganz gleich, ob es regnete oder brennend heiß war – Tausende beteiligten sich an jedem dieser Märsche. Nach fünfzehn Minuten der Stille an einer Kreuzung, an der normalerweise reger Verkehr herrscht, lehnte sich ein junger Mann vor und fragte: „Habt ihr nun Frieden?" Ein älterer Mann, der von Siem Reap an mitgegangen war, bekam diesen Vorfall zufällig mit. Er hatte während des gesamten Marsches immer wieder einen Satz in Pali, der alten Sprache des Buddhismus, rezitiert und diesen Gesang auch vielen anderen Marschteilnehmern beigebracht. Auch jetzt antwortete er dem jungen Mann mit seinem vielerprobten Satz: „Nanti santi barange sok kang" – „Es gibt kein größeres Glück als ein friedvolles Herz."

Am Morgen des 24. Mai empfing Prinz Sihanouk die Marschteilnehmer mit Worten tiefempfundener Dankbarkeit für den Dhamma Yietra. Vor dem königlichen Palast wurde eine weitere Schweigemeditation abgehalten, ein Gebet darum, daß alle Menschen frei von Leid, Furcht und Sorge sein sollten. Dann trug der Prinz im Namen aller seiner Landsleute ein feierliches Plädoyer für den Frieden vor, in dem er alle Parteien dazu aufrief, „der Gewalt und dem Haß ein Ende zu machen und den Geist der Rache von diesem Tag an aufzugeben".

Einige Tage zuvor hatten wir am Rand unserer langen Wegstrecke, die fünfundzwanzig Jahre lang keinen Frieden gekannt hatte, einen Bauern getroffen, der seinen kleinen Sohn in den Armen wiegte. Er hatte gesagt: „Wenn der Dhamma Yietra uns auch nur einen Augenblick des Friedens bringt, ... ahhh, dann werde ich zutiefst dankbar sein. Denn dann können wir hoffen."

Kambodschanische Frauen auf ihrem Marsch für den Frieden

von Liz Bernstein

„Unsere Reise für den Frieden beginnt heute und an jedem Tag, langsam, langsam, Schritt für Schritt. Jeder Schritt ist ein Gebet. Jeder Schritt wird eine Brücke bauen."

In den frühen Stunden noch vor der Morgendämmerung zu Beginn des Monsuns ins Kambodscha hörte ich auf der Straße ein leises Geräusch. Obwohl man es mit geschlossenen Augen fast für das Nieseln des Regens hätte halten können, war es tatsächlich das Geräusch von 600 Paar mit Sandalen bekleideten Füßen auf der von rotem Staub bedeckten Straße. Die Marschteilnehmer waren safrangelb oder weiß gekleidet und machten mit den Händen die in ganz Asien bekannte gebetsähnliche Geste des *sompeah*.

Diese Menschen waren Teilnehmer des vierten Dhamma Yietra für Frieden und Versöhnung in Kambodscha. Parallel zu dem Kreislauf von Hoffnung und Verzweiflung, den die Menschen in Kambodscha im Laufe der vergangenen Jahre durchmachten, haben sich diese inzwischen jährlich veranstalteten Märsche Tausender von Menschen quer durch das Land für Frieden und Versöhnung zu einem konstanten Ausdruck der Sehnsucht nach Frieden entwickelt. Die Zahl der Teilnehmer am Dhamma Yietra ist von Jahr zu Jahr gestiegen entsprechend der immer dringlicher werdenden Situation. Im Jahre 1995 begannen etwas weniger als 700 buddhistische Mönche, Nonnen und kambodschanische Laien die dreiwöchige, mehr als 600 Kilometer lange Pilgerfahrt von der thailändischen Grenze im Westen zur vietnamesischen Grenze im Südosten.

Die Marschteilnehmer aus Kambodscha wurden 1995 von einer aus fünfundzwanzig Teilnehmern bestehenden internationalen Gruppe der „Glaubensübergreifenden Pilgergruppe für Frieden und für das Leben" (Interfaith Pilgrimage for Peace and Life) begleitet, darüber hinaus von einer kleinen Gruppe von Teilnehmern aus anderen asiatischen und westlichen Ländern. Die Glaubensübergreifende Pilgergruppe wurde vom japanischen buddhistischen Myohji-Orden angeführt. Sie ging von Auschwitz in Polen nach Hiroshima in Japan im Gedenken an das unermeßliche Leid während des Zweiten Weltkrieges. Die Marschroute wurde so angelegt, daß gleichzeitig der Dhamma Yietra unterstützt werden konnte.

Während unseres schweigenden Marsches durch das Land wurde eine Reihe von Transparenten in einer bestimmten Abfolge von den Marschteilnehmern durchgereicht, die zusammen diesen schönen Vers ergaben:

Kambodscha hat tiefes Leid erfahren.
Aus tiefem Leid kann großes Mitgefühl erwachsen.
Großes Mitgefühl schafft ein friedvolles Herz.
Ein friedvolles Herz schafft einen friedvollen Menschen.
Ein friedvoller Mensch schafft eine friedvolle Familie.
Eine friedvolle Familie schafft eine friedvolle Gemeinschaft.
Eine friedvolle Gemeinschaft schafft eine friedvolle Nation.
Und eine friedvolle Nation schafft eine friedvolle Welt.

Eine solche Perspektive, die den einzelnen wie die Gemeinschaft gleichermaßen umgreift, ist entscheidend für eine Gesellschaft, die so vom Krieg zerrüttet ist wie die kambodschanische: Dort haben die Menschen gelernt, ihre individuellen Belange zu unterdrücken, um zu überleben. Ein Marschteilnehmer faßte den Geist des Marsches folgendermaßen zusammen: „Der Frieden *fängt an* bei mir. Nicht bei jemand anderem! Weil ich an die Gewaltlosigkeit glaube, *muß* ich friedvoll handeln. Unser Marsch wird an sich allein noch keinen Frieden bringen. Aber unsere individuellen Handlungen werden es tun, über unsere Freunde, Familien und Bekannten. Durch alle unsere Anstrengungen wird der Frieden schon sehr bald kommen."

Auf unserem Weg nach Battambang, Kambodschas zweitgrößter Stadt und zugleich Hauptstadt der am meisten vom Krieg zerstörten Provinz, hörten wir nachts das Feuer der Geschosse. Minenfelder zu beiden Seiten der Straße, brennende Hitze und strömender Regen beeinträchtigten nur geringfügig den Geist der Marschteilnehmer und derjenigen, die sie am Rand des Weges geduldig erwarteten. Zehntausende Menschen säumten den Rand der Straße. Sie hielten Eimer voll Wasser bereit, auf dem duftende Blumen schwammen und entzündeten Räucherstäbchen. Sie hoben ihre Arme mit aneinander gelegten Händen und erwarteten so den Wassersegen der Pilger trotz des Krieges, der sie umgab. Als diese sie mit Hilfe der Blumen mit dem geweihten Wasser besprengten und sagten: „Möge dein Herz so kühl sein wie dieses Wasser", antworteten sie: „Mögen wir bald in Glück und Frieden leben." Daraufhin wurden die Räucherstäbchen im Wasser ausgelöscht als Symbol der Auslöschung der Flammen des Krieges.

Viele Soldaten legten ihre Waffen nieder, zogen ihre Schuhe aus und kauerten sich an den Rand des Weges, um den Wassersegen zu empfangen. Hach, ein Hauptmann, der gerade von Treng, der fünfundvierzig Kilometer südlich von Battambang verlaufenden Front zurückgekehrt war, war einer von diesen Zehntausenden von Menschen, die uns knieend erwarteten, als wir in die Stadt einzogen. Nachdem er und sein Trupp mit Wasser besprengt worden waren, erklärte er: „Die Soldaten wollen den Frieden genauso wie die Zivilisten."

Es scheint, als ob der Marsch in jedem Jahr mehr Träume, Gedanken, mehr Hoffnung und mehr Gespräche über den Frieden ermöglicht. Inzwischen wird an dem Tag, an dem der Dhamma Yietra einen Ort passiert, die Arbeit niedergelegt, in den Schulen findet kein Unterricht statt, und die Menschen versammeln sich am Straßenrand und in den Tempeln, um über den Frieden zu diskutieren. Yley Chan Tha, eine 62 Jahre alte Nonne, die schon an den drei vorangegangenen Dhamma Yietras teilgenommen hatte, kommentierte das Geschehen: „Jedes Jahr verstehen mehr und mehr Menschen den Sinn des Marsches, und sie kommen aus ihren Häusern und unterstützen uns. Am Anfang mögen sie vielleicht skeptisch gewesen sein, oder vielleicht sind sie auch nur aus Neugierde gekommen, aber jetzt wird ihnen klar, daß dies die einzige Möglichkeit ist. *Wir* sind es, die Frieden machen müssen."

Der erste Dhamma Yietra im Mai 1992 war ein Gang der Versöhnung und der Heimkehr, denn unter den Marschteilnehmern befanden sich auch einhundert Flüchtlinge, die aus thailändischen Lagern in ihre Heimat zurückkehrten. Für viele von ihnen war es das erste Mal nach zwölf Jahren. Während des monatelangen Marsches von der thailändischen Grenze nach Phnom Penh gab es an jedem Tag Szenen des Wiedersehens unter Tränen. Der zweite Marsch unmittelbar vor den von den UN unterstützten Wahlen im Mai 1993 verlief durch vom Krieg zerstörte Provinzen, die beherrscht waren von der Angst vor Gewaltakten im Zusammenhang mit den Wahlen. Am Vorabend des Abmarsches wurde der Tempel, in dem die Pilger sich aufhielten, zu einem Schlachtfeld. In dem Beschuß wurden drei Marschteilnehmer verwundet. Eine Granate, die in einen Raum geworfen wurde, in dem sich Hunderte von Marschteilnehmern aufhielten, explodierte nicht. „Wir sind nicht da, um den Frieden zu erhalten wie die UN, sondern wir müssen Frieden machen. Wir müssen dorthin gehen, wo es noch keinen Frieden gibt, der erhalten werden könnte." Als der Marsch nach dreihundertfünfzig Kilometern Wegstrecke in die Hauptstadt einzog, beteiligten sich in den drei Tagen der Wahlen nahezu 10 000 Menschen an den Prozessionen und den Friedensmeditationen. Viele schreiben es dem Dhamma

Yietra zu, daß in die angespannte Atmosphäre in der Stadt Ruhe einkehrte, so daß eine beträchtliche Anzahl von Menschen sich soweit abgesichert fühlten, daß sie bei den Wahlen ihre Stimme abgeben konnten.

Der dritte Dhamma Yietra im Mai 1994 versuchte, die Frontlinie zu überschreiten und auf von den Roten Khmer kontrolliertes Gebiet zu gelangen, „um das Mitgefühl noch weiter zu verbreiten und unsere Feinde in Freunde zu verwandeln". Einige der Marschteilnehmer gerieten in ein Feuergefecht zwischen den Regierungstruppen und den Streitkräften der Roten Khmer. Dabei wurden einige von ihnen schwer verwundet oder getötet. Sou Sreng, 75 Jahre alt, der ins Bein geschossen wurde, sagte noch im Krankenbett: „Ich bin nicht zornig. Ich vergebe ihnen. Wenn wir immer von neuem nur nach Rache streben, wird es nie ein Ende nehmen. Wir sind des Krieges und der Gewalt müde. Darum veranstalten wir diesen Marsch, und darum müssen wir auch weitergehen. Alles andere würde bedeuten, das Blutvergießen zu akzeptieren, und dann wird die Gewalt niemals aufhören."

1995 haben die Veranstalter zehn vorbereitende Trainingsmärsche in verschiedenen Provinzen des Landes organisiert. So sollten weitere Gewaltakte vermieden werden. Die Vorbereitung umfaßte das Einüben gewaltloser Verhaltensmaßnahmen in Konfliktregionen, den Umgang mit der Angst und die rechtzeitige Erkennung von Landminen.

Der Dhamma Yietra lehrt Frieden, Versöhnung und Achtung aller Menschen. Tausende von Menschen kamen zu den Tempeln, in denen die Marschteilnehmer nachts Rast machten, um die religiöse Lehre aus dem Mund des kambodschanischen Ältesten des Buddhismus, Maha Ghosananda, zu hören. Ghosananda, der vielfach „der Gandhi Kambodschas" genannt wird, hat jeden der Dhamma Yietras angeführt und dem Ereignis damit seine geistige Autorität verliehen.

Die wichtigste seiner Lehren ist mehr als 2500 Jahre alt und stammt direkt vom Buddha. „Haß wird niemals durch

Haß überwunden. Nur Liebe kann den Haß überwinden. Dies ist ein ewiges Gesetz." Nachdem er eine Menschenmenge angeführt hat, die diese Lehre rezitiert, läßt Maha Ghosananda sie durch seine Interpretation unmittelbar spürbar werden. Seine radikale Botschaft, daß der Frieden im menschlichen Herzen beginnt, wurde von den Menschen angenommen. Eine Dorfbewohnerin bemerkte: „Bis jetzt hat man mir immer gesagt, daß der Frieden durch den Lauf eines Gewehrs käme. Maha Ghosananda lehrt uns, daß der Frieden bei jedem einzelnen von uns beginnt, daß wir selbst etwas dazu tun können. Wenn wir friedlich sind, wird der Frieden sich ausbreiten." Maha Ghosananda erklärte den Menschen das Thema des 1995er Marsches und forderte die Dorfbewohner auf, sich an der Kampagne zur Ächtung der Landminen und zum Schutz der Umwelt zu beteiligen. Während er die Menschen ermahnte, „Bäume zu pflanzen, nicht Minen", pflanzte er selbst an jedem Tempel einen Baum zum Symbol der Erneuerung.

Am Ende des Marsches faßte eine alte Frau das zusammen, was viele der Teilnehmer jedes Jahr empfinden. Während sie auf dem Boden saß und ihre Füße rieb, sagte sie: „Meine Füße sind wund, aber mein Geist hat Ruhe gefunden."

Interreligiöse Mission für den Frieden in Kambodscha

Die interreligiöse Mission für den Frieden in Kambodscha ist eine gemeinnützige Organisation, die sich für den Wiederaufbau des kambodschanischen Buddhismus und die Beförderung des Friedens und der Menschenrechte einsetzt. Spenden werden gern entgegengenommen. Für weitere Informationen wenden Sie sich bitte an Philip Edmonds, c/o Amos House, P.O. Box 2873, Providence, RI 02907, USA.

Weltweit befinden sich Zentren in:

178 Hanover Street
Providence, RI 02907
USA
401-273-0969

12 Rue de la Liberté
F-9220 Bagneaux
33-41-46635717

Meinradstraße 1
CH-8006 Zürich
41-1-363-5900

96/2 Soi St. Louis
Bangkok 10120
Thailand
66-2-211-6456

7210 De Nancy
Montreal, Quebec H3R 2L7
Kanada
514-735-6901

Weitere Informationen erhalten Sie unter folgender Adresse:

Coalition for Peace & Reconciliation
P.O. Box 144
Phnom Penh, Cambodia
Telefon: 855 246 4205
Fax: 855 232 6400

Internet-Adresse: cpr@pactok.peg.apc.org